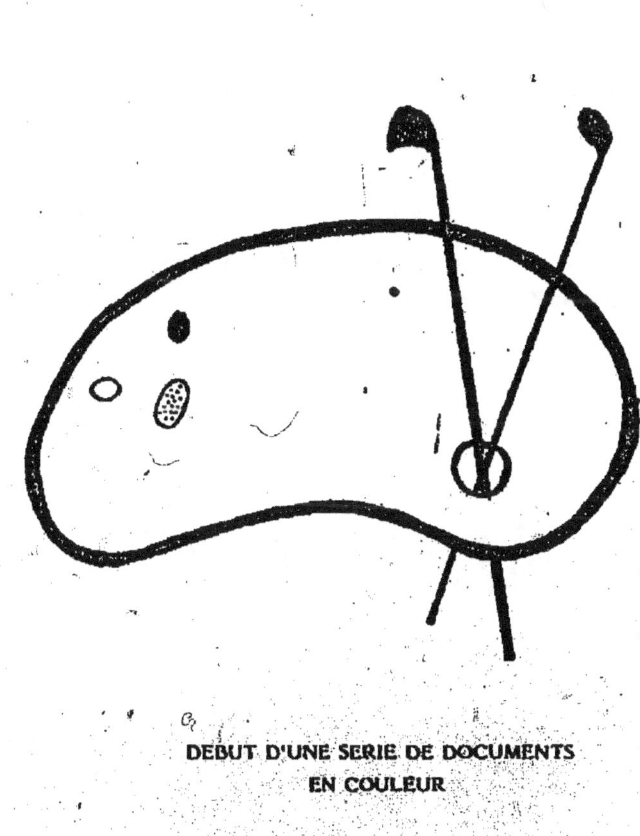

DEBUT D'UNE SERIE DE DOCUMENTS
EN COULEUR

8° R
14946 (537)

J. L. DE LA PAQUERIE

Les Arguments de l'Athéisme

BLOUD & Cie

S. et R. 537

BLOUD & Cie, Éditeurs, 7, Place Saint-Sulpice, Paris 6

ÉLÉMENTS D'APOLOGÉTIQUE

par l'Abbé DE LA PAQUERIE

1. **DIEU ET LA RELIGION,** *1 vol.* in-16 de 580 pages. Prix................ **4 fr.**
2. **JÉSUS ET L'ÉGLISE,** Prix.......... **4 fr.**

Chaque volume forme un tout complet et se vend séparément.

M. de La Paquerie est déjà un vétéran du sacerdoce ; mais les problèmes d'apologétique l'ont préoccupé dès ses années d'adolescence, alors que le scepticisme de l'enseignement reçu au lycée tentait de battre en brèche les traditions du foyer familial où, malgré son jeune âge, on savait s'enflammer d'enthousiasme pour Joseph de Maistre, pour Bossuet, pour Fénelon. Dès ce moment il s'est habitué à se rendre compte de tout, à ne laisser passer aucune affirmation sans examen. Et il a continué toute sa vie pour son édification personnelle d'abord, pour celle d'autres âmes ensuite.

Aussi son livre ne ressemble-t-il à aucun autre. Non que ce soit de l'apologétique novatrice Certes personne n'est plus éloigné des idées ou tendances modernistes que M. de La Paquerie. La trame générale qu'il suit n'a rien d'inconnu. Il répond à ces trois questions : Dieu existe-t-il ? S'il existe, faut-il lui rendre un culte ? S'il faut lui rendre un culte, est-ce le culte catholique ?... Plan très simple, on le voit. Mais ce qui fait la nouveauté de ceci, c'est le ton de conviction pénétrante, l'ardeur d'apostolat, la volonté résolue (fondée sur une indomptable espérance en Dieu) d'amener à la réflexion, non point une vaste assemblée ni la masse confuse des lecteurs escomptés, mais le lecteur du moment. Il lui parle à ce lecteur, à lui tout seul ; il le prend corps à corps, comme il prend à corps l'objection ; il ne lui demande qu'une heure ou deux ; s'il l'a tenu une heure ou deux, il est sûr de le tenir jusqu'au bout. Et je crois que sa certitude est fondée.

La démonstration proprement dite, la solution aux trois questions posées tient en 150 pages. Tout le reste ce sont des suppléments, des éclaircissements, objections de détail, citations de contemporains, exemples pris des conversions ou des défections de nos jours, etc... Il y a ici comme une synthèse des courants d'idées ou des sentiments qui agitent les gens de notre âge, des nuages qui traversent un instant l'atmosphère pour disparaître et laisser passage à d'autres, des brouillards où tant de jeunes intelligences et de vieilles aussi s'enlisent ! Comme tout cela est tiré au clair ici ; et comme c'est le cas de rappeler ce mot d'un Saint qui plaignait les pauvres âmes arrêtées par si peu de chose et qui se perdent si lamentablement dans le brouillard, alors que la lumière est si près d'eux.

(Ami du Clergé, 1908, P. 33n.)

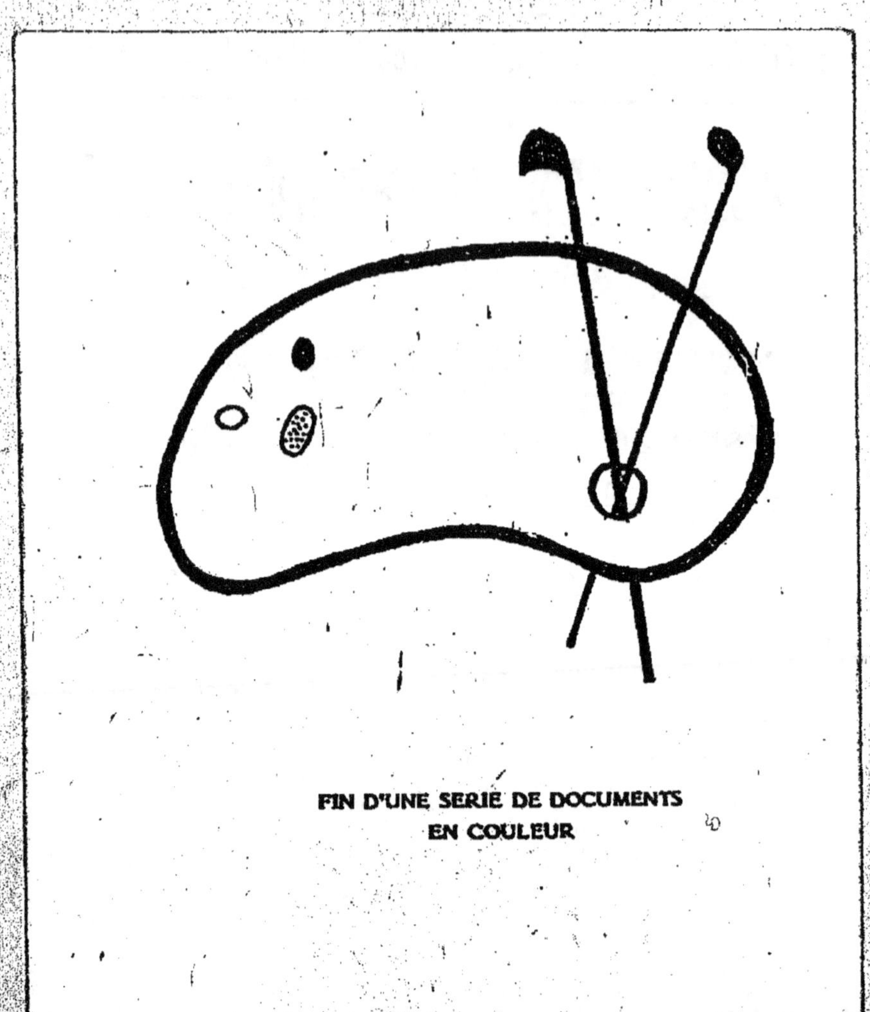

FIN D'UNE SERIE DE DOCUMENTS
EN COULEUR

LES ARGUMENTS

de

l'Athéisme

PAR

J. L. de la PAQUERIE

PARIS

LIBRAIRIE BLOUD ET Cie

7, PLACE SAINT-SULPICE, 7

1 ET 3, RUE FÉROU. — 6, RUE DU CANIVET

1909

Reproduction et traduction interdites.

MÊME SÉRIE

ADHÉMAR (R. D'), Docteur ès sciences, professeur à l'Université de Lille. — **Le Triple Conflit,** SCIENCE, PHILOSOPHIE, RELIGION (*347*) .... 1 vol.

BROGLIE (de). — **Les Relations entre la Foi et la Raison.** *Exposé historique. Préface* par Augustin LARGENT, Professeur à la Faculté de Théologie de Paris (*188-189*). 2 vol. .... 1 fr. 20

— **Les Conditions modernes de l'accord entre la Foi et la Raison.** Préface par A. LARGENT (*242-243*) 2 vol. .... 1 fr. 20

Ces volumes ne se vendent pas séparément.

COUGET (H.). — **Le Sens Catholique** (*518-519*) 2 vol. .... 1 fr. 20

FONSEGRIVE (G.). — **L'attitude du Catholique devant la Science** (*29*) .... 1 vol.

— **Le Catholicisme et la Religion de l'Esprit** (*30*). 1 vol.

— **Catholicisme et Libre pensée** (*369*) ...... 1 vol.

FRÉMONT (G.), Docteur en théologie. — **La Religion Catholique peut-elle être une science ?** (*67*).. 1 vol.

SORTAIS (G.), Ancien professeur de philosophie. — **Pourquoi les Dogmes ne meurent pas.** (*309*). 1 vol.

— **Valeur apologétique du Martyre** (*340*)... 1 vol.

I. « Nuée de témoins ». II. Le martyre et le fanatisme. III. Un miracle dans l'ordre moral. IV. Signalement du vrai martyre. V. Au Colysée. VI. Appendice. Note.

SUEUR (A.). — **Intellectualisme et Catholicisme** (*400*) .... 1 vol.

VERDIER (F.). — **La Révélation devant la Raison.** (*69*) .... 1 vol.

AVERTISSEMENT DES ÉDITEURS

Trois opuscules de la collection *Science et Religion* ont été consacrés à établir successivement la *nécessité philosophique* (1), la nécessité *scientifique* (2), enfin la *nécessité mathématique* (3) de l'existence de Dieu. Après avoir étudié cette question, la première de toutes celles qui s'imposent à la réflexion de l'esprit en quête de vérité religieuse, sous son aspect *positif*, il importait de l'envisager aussi sous son aspect *négatif*. Car les *athées*, eux aussi, prétendent à *prouver* leur doctrine. Quelle est la valeur de leurs arguments ? Comment peut-on et doit-on les réfuter ?

Cette réfutation, nous l'empruntons à un chapitre de l'œuvre de M. de la Pâquerie : *Eléments d'Apologétique* (4).

D'excellents juges nous ont affirmé que nous ne pouvions faire un meilleur choix. La presse catholique a d'ailleurs unanimement loué la parfaite clarté, l'originalité, l'érudition de l'auteur. L'auteur a soumis son livre aux juges les plus autorisés, aussi bien en sciences naturelles et mathématiques qu'en exégèse, en histoire, en littératures orientales. Mgr Mignot, archevêque d'Albi, si au courant des controverses contemporaines, lui écrivait ces lignes qu'il lui a permis de publier en tête du second volume :

(1) Appelmans (H.), professeur au P. S. de Malines. — **Nécessité philosophique de l'existence de Dieu** (356)............. 1 vol.

(2) Courbet (P.) — **Nécessité scientifique de l'existence de Dieu** (5), 9ᵉ édition,................................. 1 vol.

(3) Cléré (René de). — **Nécessité mathématique de l'existence de Dieu.** *Explications. — Opinions. — Démonstrations* (52), 5ᵉ édition.. 1 vol.

(4) Paquerie (Abbé de la). — **Eléments d'Apologétique. I. Dieu et la Religion.** 1 vol. in-16 de 580 pages................. **4 fr.**
II. Jésus et l'Eglise............................... **4 fr.**
Chaque volume forme un tout complet et se vend séparément.

« Vous nous donnez enfin le fruit de cinquante ans d'études et de méditations. J'en suis très satisfait. Vous n'avez pas tout dit, ce n'était pas possible ; mais *vous ne l'avez pas dit comme tout le monde...* Vous répondez aux exigences de nos contemporains par les données du bon sens, les lumières de la raison la plus judicieuse, et les conclusions les plus certaines de l'histoire et de l'érudition... »

Nous pouvons donc espérer qu'en publiant ici cet opuscule, nous attirerons utilement l'attention sur un ouvrage qui mérite d'être lu et répandu et qu'en même temps nous enrichirons véritablement la collection *Science et Religion*.

LES
ARGUMENTS DE L'ATHÉISME

PRÉAMBULE

Il ne suffit pas de connaître les preuves de l'existence de Dieu, il est nécessaire, pour qu'il ne manque rien à la démonstration, de dire quelles objections on y oppose. Je vais les exposer sans négliger aucune de celles qui ont la moindre apparence, depuis les plus hautes et les plus philosophiques jusqu'aux plus basses et aux plus grossières. Du moins, ceux qui voudront étudier cette question capitale, en auront, si l'on peut parler ainsi, le dossier complet.

L'athéisme proprement dit est assez récent, quoique l'appellation d'athée soit fort ancienne. Socrate a été accusé d'athéisme parce qu'il était irrespectueux envers les dieux de l'Attique, et les chrétiens parce qu'ils ne voulaient pas adorer les dieux de l'Empire. Chez les Juifs, il y a eu de vrais athées, le Psalmiste en fait foi lorsqu'il dit : *L'impie a dit dans son cœur : il n'y a pas de Dieu.* Mais ces athées-là n'ont laissé ni un nom ni un système.

Le moyen âge n'a eu que des hérétiques qui déformaient la notion de Dieu, mais qui ne niaient pas son existence. Les païens de l'Extrême-Orient abondent en philosophes nuageux qui dogmatisent plutôt qu'ils ne raisonnent, qui ont tout soutenu, l'athéisme comme le reste, et dont les spéculations insaisissables n'ont à peu près eu aucune influence sur la pensée européenne.

Le premier nom illustre que peut citer l'athéisme est celui de Spinoza, ce juif hollandais, objet d'horreur pour le xviie siècle, d'admiration et presque de culte pour les incrédules contemporains. Mais, si on parle beaucoup de lui, on le lit fort peu et ce n'est pas à lui que nos libertins s'adressent pour trouver des arguments.

Bayle n'est pas précisément un athée. C'est un sceptique qui soulève tous les problèmes et qui a bien soin de n'en résoudre aucun. Ses doutes se retrouveront dans les écrivains modernes que nous allons analyser.

I. — Kant.

Le véritable père de l'athéisme contemporain c'est Kant, non pas par sa croyance personnelle mais par sa critique (1).

Il n'était pas athée et cependant son livre est comme l'arsenal où ont puisé depuis deux siècles tous ceux qui ont fait profession d'athéisme.

Il en a consacré les cinq sixièmes à combattre les preuves de l'existence de Dieu. Il ne conserve que la preuve morale, celle qui se tire de l'existence du Bien et du Mal.

Nous allons suivre toute cette discussion. Il faut que le lecteur se résolve à dévorer un peu de métaphysique. Evidemment, nous ne pouvons répéter Kant sans reproduire ses abstractions et sans parler sa langue. On ne peut demander à un philosophe allemand la clarté d'un conférencier français. Je vais tâcher de rendre intelligible, autant que cela se peut, toutes ces profondeurs

(1) Les citations de Kant se rapportent à la Trad. J. Barni, 1869. Le lecteur qui désirerait un exposé général de la philosophie de Kant le trouverait dans le n° 236 de la présente collection : *Kant,* par E. Beurlier, agrégé de philosophie.

germaniques ; mais je ne peux pas ne pas faire appel à la patience de mes lecteurs.

Toutes les preuves de l'existence de Dieu, d'après Kant, se ramènent à trois : preuve ontologique, preuve cosmologique, preuve physico-théologique. — Ontologique : de l'idée de Dieu considérée en elle-même ; — cosmologique : de la contingence du monde, autrement dit de l'idée de Cause ; — physico-théologique : de l'ordre et de la perfection de l'univers, c'est l'argument des Causes finales. Il y a d'autres preuves, mais Kant affecte de les ignorer.

— 1° Preuve ontologique.

Cet argument n'a pas trouvé place dans notre Apologétique Elémentaire, parce qu'il est abstrait, demande beaucoup d'attention, ajoutons parce qu'il n'est pas accepté par tout le monde. — On pourrait se borner à cette observation, et cela suffirait à répondre à Kant : l'argument qu'il attaque n'est pas le nôtre, et par conséquent toute sa discussion tombe à faux.

Mais nous ne voulons pas avoir l'air de fuir la discussion. Nous allons donc présenter au lecteur toute l'argumentation de notre philosophe.

L'origine de la preuve ontologique est très connue. Saint Anselme nous raconte que, cherchant une démonsttration directe et sans réplique de l'existence de Dieu, il eut comme une illumination soudaine : « L'insensé lui-même qui a dit dans son cœur : il n'y a pas de Dieu, lorsqu'il m'entend parler de quelque chose qui est plus grand que tout ce qu'on peut concevoir, comprend ce que je dis. Ce qu'il comprend est donc dans son entendement, quoiqu'il ne veuille pas en admettre l'existence. Or, ce qui est plus grand que tout ce qu'on peut concevoir ne peut être dans l'entendement seul. Car s'il n'était que dans l'entendement seul, on pourrait le concevoir dans la réalité, ce qui est plus grand. Donc s'il n'était que dans l'entendement seul, il pourrait y avoir quelque chose de plus grand que ce qui est plus grand que tout ce qu'on peut concevoir : ce qui est absurde. »

Beaucoup de docteurs, parmi lesquels saint Thomas d'Aquin, traitèrent ce raisonnement de paralogisme, par cette raison qu'on ne peut pas conclure de l'existence idéale à l'existence réelle. Ce qui est plus grand que tout ce qu'on peut concevoir, compte en effet l'existence au nombre de ses perfections, mais c'est l'existence idéale et non réelle.

Descartes, averti par cette objection qui paraît décisive, tâche de donner à l'argument de saint Anselme une forme plus concluante.

Il pose d'abord ce principe général : tout être doit avoir les qualités qui sont contenues dans sa nature : ainsi, il est dans la nature du triangle d'avoir trois angles ; donc, dès que je saurai qu'il y a quelque part un triangle, je serai assuré qu'il y a là trois angles : et cela, non en idée, mais en réalité. Il est dans la nature d'un oiseau d'avoir des ailes : dès qu'il y aura un oiseau quelque part, cet être-là aura des ailes ; et il les aura, non pas en idée, mais réellement. Or, il est dans la nature de l'Etre nécessaire d'exister (1), autant que dans celle du triangle d'avoir trois angles, et dans celle de l'oiseau d'avoir des ailes. Je dois donc en conclure qu'il existe.

Il est vrai que s'il s'agit d'un triangle ou d'un

---

(1) Cette mineure se démontre de mille manières : la meilleure est sans doute par cet énoncé : L'ÊTRE EST. C'est-à-dire : il faut que quelque chose existe ; il est nécessaire qu'il y ait un Etre ; l'Etre nécessaire ne peut pas ne pas exister. — Autrement dit : cette association d'idées : *Dieu n'existe pas*, est aussi absurde en soi que celle-ci : 4 égale 5.

oiseau, je dois toujours faire la réserve : *s'il existe;* car tout cela pourrait très bien ne pas exister. Ainsi, un triangle aura toujours trois angles, s'il existe ; un oiseau aura toujours des ailes, s'il existe ; une créature quelconque aura toujours toutes les qualités qui lui sont naturelles, si elle existe. Dans le cas où sa nature sera réalisée, elle aura, de toute nécessité, tout ce que nous comprenons convenir absolument à cette nature : mais dans ce cas seulement.

Or, il y a un être, un seul être, pour lequel on ne peut pas faire la réserve : s'il existe. C'est celui dont l'idée renferme l'existence. Il est aussi absurde de dire : l'Etre nécessaire aura l'existence, s'il existe ; — que de dire : le triangle aura trois angles, s'il a trois angles ; l'oiseau aura des ailes, s'il a des ailes.

Ce qui fait illusion, c'est qu'il n'y a qu'un seul Etre pour lequel l'existence soit une nécessité. Pour tous les êtres sauf un seul, il est impossible de séparer l'idée de la réalité, parce qu'ils sont contingents. Pour Dieu seul c'est impossible, parce que seul il est nécessaire.

Leibnitz a voulu perfectionner et achever l'œuvre logique de Descartes. Remarquant que tout ce que nous appelons nos idées n'est pas également sain, raisonnable, capable de mesurer la réalité, il s'est dit qu'il y a parfois dans notre intelligence des chimères mal débrouillées qui ne se rapportent à rien. Il ajoute donc à la formule de Descartes cette restriction : s'il est possible. L'idée de Dieu implique l'existence si elle n'est pas contradictoire ; Dieu existe nécessairement, s'il est seulement possible.

Sous cette forme, le vieil argument paraît à beaucoup de gens ne plus prêter à aucune critique. De grands philosophes, même en dehors de la foi révélée, l'admettent sans réserve. Th. Jouffroy a dit : « Dieu est le seul Etre dont « l'idée démontre l'existence (1). »

Mais d'autres se méfient encore. Quoi qu'on puisse faire, disent-ils, le raisonnement est toujours dans l'abstrait. C'est un échafaudage d'idées. Comment de l'idée pure passer à la réalité ? Il y a, nous dit-on, un seul être dont la nature contient l'existence : mais cet être, on ne le connaît pas, on le suppose, on le conçoit par l'abstraction, et on lui attribue des qualités aussi abstraites que lui-même. C'est un cas particulier de construction logique qui doit demeurer parmi les curiosités du raisonnement, et dont on ne peut rien conclure dans la réalité.

C'est ainsi que raisonne Kant. « On voit claire-« ment que ce concept est un concept purement « rationnel, c'est-à-dire une simple idée dont la « réalité objective est loin d'être prouvée par cela « seul *que la raison en a besoin*, ce qui d'ailleurs « ne fait que nous renvoyer à une certaine per-« fection inaccessible qui, à proprement parler, « sert plutôt à limiter l'entendement qu'à « l'étendre à de nouveaux objets (p. 189)... le « concept d'un Etre suprême est très utile à beau-« coup d'égards, mais précisément parce qu'il « n'est qu'une idée, il est incapable d'étendre par « lui seul notre connaissance par rapport à ce qui « existe (p. 193)... le caractère analytique de la « possibilité qui ne consiste qu'en de simples posi-« tions (c'est-à-dire suppositions), qui n'engen-« drent pas de contradictions, ne peut être con-

---

(1) Notes posthumes. — « Ou l'on n'a aucune idée de Dieu, ou, si l'on en a une, la moindre qu'on en ait, c'est qu'il ne peut ne pas exister, la nécessité constituant son essence fondamentale. » (SULLY PRUDHOMME, *Revue des Deux Mondes*, 15 novembre 1890, p. 290.)

« testé, mais la liaison de ces propriétés réelles
« est une synthèse dont nous ne pouvons juger *a*
« *priori* la possibilité. »

Ainsi, voici au fond l'objection de Kant à l'argument ontologique (1). Nos idées quelles qu'elles soient, quelque évidence qu'elles nous offrent, ne peuvent jamais nous faire rien conclure de certain. Une chose n'est nullement prouvée par cela seul que « notre raison en a besoin ».

C'est très grave, cela. Et même c'est nous faire une grande concession : l'existence de Dieu est une hypothèse « dont la raison a besoin » : c'est dire qu'on ne peut la nier sans renoncer à la raison et tomber dans le scepticisme.

Et cela est vrai. En effet, toute notre pensée dépend de nos idées : même l'expérience, que nous percevons au moyen de nos idées, et sur laquelle nous raisonnons au moyen de nos idées. Nous n'avons aucune connaissance que par nos idées. Elles sont la mesure de tout, disaient les philosophes de l'antiquité. Si vous les niez, il ne reste rien que le scepticisme, c'est-à-dire le néant. Kant ne peut éviter cet abîme qui est visiblement le point d'arrivée de tout son système ; mais qui en est aussi la condamnation.

2° Preuve cosmologique.

Kant a donc, à ce qu'il pense, réduit à rien l'argument ontologique. — Vient en second lieu l'argument cosmologique.

Pour prouver qu'il ne vaut rien, il confond l'un avec l'autre. D'abord il l'expose d'une manière très correcte : « S'il existe quelque chose, il faut avouer que quelque chose existe nécessairement. En effet, la contingence n'existe que sous la condi-

(1) J'indique la critique de Kant sans donner aucune conclusion sur l'argument ontologique lui-même. Il n'appartient pas à un abrégé élémentaire de prendre parti sur des questions aussi controversées.

tion d'une autre chose qui en soit la cause : et de celle-ci le raisonnement continue de remonter jusqu'à une cause qui ne soit plus contingente et qui par là existe nécessairement sans condition. » Après avoir dit cela, il déclare que ce raisonnement revient à la preuve ontologique et qu'il l'a déjà réfuté. Il répète donc les mêmes objections : nous ne pouvons pas prendre des idées abstraites pour la règle de la réalité, il est impossible de passer de l'abstrait au concret, etc., etc... Et il laisse là toute réfutation directe.

Mais c'est une pure confusion. L'argument cosmologique, celui qui est fondé sur la contingence du monde, est tout différent de l'argument ontologique. Ce n'est pas du tout un raisonnement abstrait. La contingence du monde n'est pas une supposition de notre esprit, c'est un fait d'expérience. Etre contingent, c'est être borné, changeant, périssable : or, nos yeux et notre mémoire nous donnent la certitude que tous les êtres qui nous entourent sont ainsi. Ajoutez à cette certitude expérimentale l'évidence à priori QU'IL FAUT QU'IL Y AIT QUELQUE CHOSE DE NÉCESSAIRE, — et la preuve cosmologique est parfaite. Qu'a-t-elle d'abstrait ou de subtil ? Kant prétend que « la « liaison d'un prédicat logique à un prédicat réel « n'ajoute rien à notre connaissance ». Comment a-t-il pu émettre une assertion pareille ? C'est de ce procédé que sont nées toutes les sciences sans exception. La liaison du prédicat réel que nous fournit le télescope avec le prédicat logique que nous empruntons aux mathématiques a créé l'astronomie. Pourquoi l'union du prédicat réel que nous donne la contingence du monde avec le prédicat logique de la nécessité d'un être non contingent, ne nous fournirait-elle pas une preuve très solide de l'existence de Dieu ?

— En dehors de cette ressemblance prétendue entre la preuve cosmologique et la preuve ontologique, Kant ne trouve que de vrais enfantillages. Qu'on en juge. Je transcris mot à mot.

« Il y a dans cet argument une nichée de pré-
« tentions inacceptables :

« 1° Conclure du contingent à une cause, cela
« n'a de valeur que dans le monde sensible : Or
« il faudrait qu'il nous servît à sortir de ce
« monde. »

— *N'a de valeur que dans le monde sensible !* mais il ne s'agit que du monde sensible. Si tous les êtres du monde sensible sont CAUSÉS, le monde tout entier doit l'être : nous ne prétendons rien de plus. — Et que veut dire ce mot : *sortir de ce monde ?* La cause du monde n'est pas en dehors du monde. On peut dire que la réalité totale se compose de deux éléments : l'un immuable et éternel qui est la cause, l'autre multiple et contingent qui est l'effet. Le premier pourrait bien exister sans le second ; mais le second est inintelligible sans le premier. Et tous les deux forment un ensemble dont personne ne saurait sortir sans absurdité.

« 2° On met en avant l'impossibilité d'une série
« infinie de causes les unes au-dessus des autres...
« mais les principes de passage rationnel ne nous
« autorisent pas à conclure même dans l'expé-
« rience, à plus forte raison, étendre ce principe
« au-delà de l'expérience. »

— Réponse : Si je saisis bien le sens de cette prose germanique, cela veut dire que les principes de la raison doivent se limiter à l'usage actuel, sans s'étendre à toute expérience possible, et surtout au-delà de l'expérience. — Ainsi 2 et 2 font 4 est un principe vrai dans notre usage terrestre actuel, mais il n'est pas sûr qu'il soit toujours vrai même sur la terre. A plus forte raison, cela peut être faux dans la planète Saturne, ou dans l'étoile Sirius ou dans quelque nébuleuse lointaine. De même ce principe qu'il ne peut y avoir de série infinie et que toute chaîne a un premier anneau, est incontestable dans notre vie ordinaire, mais n'est pas assuré en dehors de là, à plus forte raison quand il s'agit de l'origine des choses et de l'existence de Dieu.

Je me demande sur quoi est fondée cette étrange distinction entre la certitude de notre usage quotidien, et celle de la science ; et comment une pareille philosophie peut éviter le scepticisme absolu.

3° « La raison éprouve un faux contentement « en concluant à l'existence d'un Etre nécessaire « qu'elle ne saurait comprendre. Quand elle ne « peut plus rien comprendre, elle prend cette im- « puissance pour l'achèvement de sa conception. »

— Réponse : Ceci revient à dire : Toute démonstration est fausse, elle nous fait éprouver un faux contentement, quand nous ne comprenons pas l'objet démontré ; or nous ne comprenons pas Dieu, nous n'avons pas une idée claire de Dieu ; donc tout raisonnement qui prouve l'existence de Dieu est faux, et nous fait éprouver un faux contentement. — Quelle est cette logique ? Ainsi, je ne peux être sûr de l'existence d'une étoile si je ne connais pas la nature de cette étoile, et les calculs qui me la démontrent me font éprouver un faux contentement, tant que je ne connais pas l'étoile dans son fond ? Ainsi un nom que je trouve gravé sur un monument n'est le nom de personne, et l'inscription ne sera tenue pour déchiffrée que lorsque je pourrai dire quelle figure avait celui qui portait ce nom ?

Cela est absurde. Il y a en chaque objet deux questions différentes et indépendantes l'une de

l'autre, celle de son existence et celle de sa nature.
On peut, on doit les séparer. Ainsi je ne me fais
qu'une idée très imparfaite de la Première Cause
et je ne la comprends pas en elle-même. Mais je
suis certain, d'une certitude absolue, que la
Première Cause existe.

4° « Confusion de la possibilité logique de toutes
« les réalités réunies, sans contradiction intime,
« avec la possibilité transcendantale. Celle-ci a
« besoin d'un principe qui rende une telle syn-
« thése praticable, mais ce principe ne peut por-
« ter que sur le champ des expériences possibles. »
— Réponse : Nous ne confondons pas les possibilités réunies avec la possibilité transcendantale.
Nous disons seulement que celle-ci est exigée par
celles-là. Cela suffit. Les possibilités contingentes
même réunies sont insuffisantes sans la possibilité transcendantale : donc il faut l'admettre. Nous
n'avons pas besoin de connaître en soi le principe
de cette synthèse, et de savoir comment il opère ;
il nous suffit de savoir qu'il existe, et qu'il ne peut
pas ne pas exister.

— Kant termine sa thèse par un mot qui, au
fond, est un aveu : « Le concept de l'Etre suprême
« satisfait bien à toutes les questions qui peuvent
« être élevées sur la détermination intime des
« choses ; mais il ne satisfait pas à la question de
« sa propre existence. » Il ajoute : « Si quelqu'un
« voulait savoir quelle est la chose qui peut être
« regardée comme telle, on ne saurait lui ré-
« pondre : Voilà l'Etre nécessaire ! »
Tout ceci revient à cette prétention extrava-
gante que nous avons déjà rencontrée au 3°, que
nous devons nier l'existence de tout ce que nous
ne comprenons pas parfaitement. La nécessité de
se rendre compte de la nature de tout ce que l'on

affirme, est une absurdité, et même une impossibilité : car y a-t-il quelque chose que nous comprenions parfaitement ?

Puis, notre philosophe se livre à un mouvement d'éloquence d'autant plus remarquable chez lui qu'il est plus rare. « La nécessité absolue dont « nous avons indispensablement besoin comme « du dernier soutien de toutes choses, est le véri- « table abîme de la raison humaine. L'éternité « même, sous quelque sublime et effrayante « image que l'ait dépeinte Haller, ne frappe pas à « beaucoup près l'esprit d'autant de vertige, car « elle ne fait que mesurer les choses, elle ne les « soutient pas. On ne peut ni éloigner de soi ni « supporter cette pensée qu'un Etre que nous nous « représentons comme le plus élevé des êtres se « dise en quelque sorte à lui-même : Je suis de toute « éternité ! En dehors de moi rien n'existe que « par ma volonté : mais moi-même d'où suis-je ? « — Ici tout s'écroule au-dessous de nous, et la « plus haute perfection comme la moindre flotte « sans soutien devant la raison spéculative, à « laquelle il ne coûte rien de faire disparaître « l'une et l'autre sans le moindre empêchement. »

Cette introduction hardie de nos manières de penser humaines dans la Divinité peut être saisissante, comme effet oratoire, mais en philosophie c'est une absurdité. Si Dieu, comme un enfant qui ouvre les yeux à la lumière, est capable de se dire : d'où suis-je ? il n'est plus Dieu, il a besoin d'une cause, il est un homme misérable et contingent.

Mais cela n'est pas. Il n'y a rien d'humain en Dieu ! Je ne dirai pas : Dieu vit, règne, repose dans son éternité, sans aucune question et dans une parfaite plénitude d'être. Ce sont là des comparaisons. Je dirai : Les pensées de Dieu sont encore plus au-dessus de l'homme que l'intelligence de Newton est au-dessus de l'instinct d'une mouche. Cette pensée est quelque chose d'ineffable, oui ! c'est un abîme, oui ! C'est un abîme non de vertige et de ténèbres, mais de lumière, de raison et d'amour (1).

3° Preuve physico-théologique.

Reste la dernière preuve, celle des causes finales. Kant commence par en parler magnifiquement. « Le monde actuel, qu'on l'envisage « dans son immensité ou dans son infinie diversité, « offre un si vaste théâtre de variété, d'ordre, de « finalité et de beauté que, malgré la médiocrité « des connaissances que notre faible intelligence « a pu en acquérir, devant tant et de si grandes « merveilles, toute langue perd sa force d'expres- « sion, tout nombre sa puissance de mesure, et « nos pensées mêmes toutes leurs limites, si bien « que notre jugement sur le tout finit par se « résoudre en un étonnement muet et d'autant « plus éloquent (p. 210). Ce serait donc non seule- « ment nous retirer une consolation, mais encore « tenter l'impossible que de prétendre enlever « quelque chose à l'autorité de cette preuve. »

Il ne lui fait qu'une objection, c'est qu'elle prouve la contingence, non de la matière, mais de la forme. Elle démontre l'existence d'une Intelligence, d'une Puissance tout à fait admirables ; mais non que cette Intelligence soit vraiment absolue et infinie. En un mot elle prouve plutôt un Architecte du monde qu'un Créateur, ce qui est loin de suffire pour le but qu'on se propose.

---

(1) L'effroi dont parle Kant n'est pas partagé par tous les philosophes. « Dans la conception de l'infini, la raison, loin de souffrir, se trouve à l'aise, toute limite lui étant une épouvante et une gêne... La pensée ne redoute pas l'infini... L'indéfini nous épouvante, l'infini nous rassure... » (Ravaisson, *Revue des Deux Mondes*, 15 mars 1887, p. 428.)

Et pour arriver à l'idée complète de Dieu, telle que nous le concevons, il faut avoir recours à l'argument ontologique. C'est ce que l'on fait en pratique : on passe de l'un à l'autre sans s'en apercevoir.

Tout revient donc à l'argument ontologique. Et comme cet argument ne prouve rien, il faut convenir que l'existence de Dieu ne peut être démontrée par la raison pure.

— Cette critique de l'argument des causes finales n'est pas sans fondement. On ne peut nier qu'il démontre plutôt un Architecte du monde qu'un Créateur.

Mais est-ce une raison de dire qu'il ne prouve rien ? Il démontre l'existence d'une Intelligence et d'une Puissance que nous pouvons sans difficulté appeler infinies. Où trouverons-nous cela sinon en Dieu ? Est-il nécessaire que chaque preuve de l'existence de Dieu contienne la théodicée tout entière ? Chaque attribut a sa démonstration, et l'idée de Dieu ressort de la réunion de tous les attributs. Toutes les preuves qui établissent l'existence de César ne nous racontent pas, chacune en particulier, toute la vie de César.

En pratique, l'Architecte et le Créateur se confondent. Quel est l'athée qui, tout en restant athée, admettra un Architecte du monde, c'est-à-dire un Etre tellement puissant, tellement sage qu'il ait organisé et développé, qu'il conserve et régisse tous les êtres répandus dans l'espace incommensurable, qu'il ait établi toutes les lois, qu'il les maintienne, qu'il soit l'auteur de l'ordre universel ? Au point de vue religieux, admettre un Etre pareil, c'est admettre Dieu. — Un philosophe pourrait subtiliser et soutenir qu'il y a deux êtres éternels, Dieu et la matière. Ce serait le dualisme, système bien peu raisonnable et peu populaire, mais ce ne serait pas l'athéisme. Deux Dieux, deux infinis, pourquoi pas trois, ou quatre, ou mille?... Jamais la masse des hommes ne donnera là-dedans.

Cependant Kant, comme nous l'avons dit, ne doit pas être compté parmi les athées.

Voici par quelle déclaration il termine l'étude que nous venons de résumer : « Il faut mettre de « côté toutes les assertions des athées, des déistes « (c'est le nom qu'il donne à ceux qui croient à une « cause première sans intelligence et sans liber- « té), des anthropomorphites (idolâtres), — ce qui « est très aisé dans un examen critique de ce « genre : puisque les mêmes preuves qui démon- « trent l'impuissance de la raison humaine à « l'endroit de l'affirmation de la puissance divine « suffisent aussi pour montrer la vanité de toute « affirmation contraire. En effet, comment peut- « on assurer qu'il n'y a pas d'Etre suprême, comme « principe premier de tout, ou qu'aucune des pro- « priétés que nous nous représentons d'après leurs « effets comme analogues aux réalités dynami- « ques d'un Etre éternel, ne lui convient, ou que, « dans ce dernier cas, elles seraient soumises à « toutes les restrictions que la sensibilité pose « inévitablement aux intelligences que nous con- « naissons par expérience ? »

Que sont devenues, au moment où Kant écrivait cette dernière phrase, l'horreur et le vertige qu'il éprouvait tout à l'heure, en pensant à l'Etre éternel ? Tant il est vrai que ce n'est pas du fond de l'esprit et de la raison que viennent les objections des athées !

II. — Herbert Spencer (1).

Un autre personnage plus récent que Kant et déjà presque aussi célèbre, a imaginé lui aussi une philosophie qui ne peut s'accommoder de Dieu, tel que nous l'adorons. C'est H. Spencer, le fondateur de l'*Agnosticisme* (c'est-à-dire le système de ceux qui ne connaissent rien). Sa thèse, c'est que l'esprit humain ne peut rien connaître en dehors du sensible. Les concepts métaphysiques sont donc « inconnaissables », et en particulier Dieu. Mais comme ce qui est « inconnaissable » ne saurait être démontré, il faut, de toute nécessité, que les preuves de l'existence de Dieu soient des sophismes.

Voici comment il s'y prend pour démontrer cela. Il commence par déclarer qu'il n'y a que trois hypothèses pour expliquer l'origine du monde : l'athéisme, le panthéisme et le déisme. Et comme l'origine du monde est inconnaissable, ces trois hypothèses sont aussi fausses l'une que l'autre. On ne peut rien savoir sur le problème des origines et il faut se résigner à l'agnosticisme. Il examine d'abord l'athéisme et le panthéisme, et il en a facilement bon marché.

L'athéisme suppose, dit-il, que le monde existe de lui-même, c'est-à-dire qu'il a toujours été sans aucun commencement. Or, « concevoir « l'existence dans un passé infini, implique la « conception d'un passé infini, c'est-à-dire d'un

____

(1) Sur la philosophie générale de cet auteur, cf. THOUVEREZ : *Herbert Spencer,* collection *Science et Religion,* n° 331.

« infini terminé : ce qui est une impossibilité...
« Ajoutons que nul ne peut soutenir que l'exis-
« tence d'un objet au moment présent est rendue
« plus compréhensible par la découverte du fait
« qu'il existait déjà une heure auparavant ou
« une année auparavant... La théorie athéiste
« est donc inconcevable absolument et fût-elle
« concevable, elle ne serait pas une solution du
« problème (1). »

Le panthéisme revient à ceci : le monde, de lui-
même, a évolué du potentiel au réel par une
nécessité inhérente. Or, cela est impossible :
l'existence potentielle ne peut être séparée de la
réelle, car cette existence potentielle en soi n'est
ni quelque chose ni rien. Et cette nécessité inhérente qui amènerait cette évolution n'a pas de
sens. « Ainsi les termes de cette hypothèse ne sont
« pas faits de pensées réelles, mais de symboles
« si vagues qu'ils n'admettent pas d'interpréta-
« tion, » à peu près « comme les nuages qui se
« forment par la précipitation des vapeurs invi-
« sibles. »

Reste l'hypothèse traditionnelle : un agent
extérieur qui fait exister le monde. Ici notre philosophe s'attarde davantage.
Il ne fait pas, comme Kant, la critique des
diverses preuves de l'existence de Dieu ; mais il
travaille à mettre en contradiction les divers
attributs divins les uns avec les autres, l'immuta-
bilité avec la création, la notion de cause avec
celle d'absolu, etc., travail ingrat, tout semé de
subtilités, qui transporte la discussion sur un
terrain impraticable au commun des lecteurs ;

(1) Les citations sont tirées des *Premiers Principes*, Trad. GUY-
MIOT, 1902, 6ᵉ édition.

travail peu loyal, car la raison veut qu'on s'applique aux démonstrations fondamentales, et qu'on se souvienne qu'une objection n'est qu'une difficulté à résoudre. Ainsi il est bien démontré que César a conquis la Gaule : les témoignages ne laissent aucun doute sur ce point. S'il y a quelque embarras sur les dates des batailles, sur les noms des peuples soumis, on s'efforce de trouver une solution convenable : quand on n'y arrive pas, on prend patience, mais on ne déclare pas que César est un mythe et la conquête de la Gaule un roman. De même pour Dieu. Il faut qu'il y ait une première cause, car autrement il n'y aurait pas de causes secondes, et il faut que la cause première soit infinie, sans quoi elle nécessiterait une autre cause. Si l'on a quelque obscurité à réunir ces deux idées : première cause et infinitude, on cherchera la lumière, mais on n'abandonnera pas l'évidence déjà trouvée.

Spencer commence donc par établir les attributs de Dieu, absolument comme ferait un professeur de philosophie classique, — et même mieux que beaucoup de professeurs classiques.

1° Il faut bien, nous dit-il, que les sensations que nous éprouvons aient une cause. Si cette cause n'en suppose aucune autre, elle est la première. Si elle en suppose une autre, c'est celle-ci qui est première. Ainsi il faut nécessairement qu'il y ait une première cause. — 2° Cette première cause doit être infinie. Si elle est finie, c'est qu'elle a une limite. Par-delà cette limite, il y a quelque chose qui existe et qui se trouve sans cause. Mais rien ne peut exister sans cause : donc la première cause est infinie. Il faut donc qu' « aucune autre existence ne lui soit nécessaire » ; il faut même qu'il n'y ait rien en elle-même qui lui impose une nécessité quelconque. Elle doit être,

« en tous les sens parfaite, absolue, totale, c'est-
« à-dire elle doit être l'Absolu ».

Une fois cela bien établi, Spencer s'efforce de
trouver entre ces notions des contradictions
inconciliables. Il appelle à son aide Sir William
Hamilton, philosophe de grand renom, et son
disciple, M. Mansel, qui « mérite d'autant plus de
« confiance que ses écrits ont pour but la défense
« de la théologie établie ».
Voici donc les difficultés que ces trois personnages réunis font au système d'un Dieu unique et
tout-puissant, créateur de toutes choses. — Je prie
le lecteur de nous donner toute son attention.
Nous avons promis dans la Préface de la présente
Apologétique de lui épargner les discussions sub-
tiles ; mais il ne dépend pas de nous qu'on ne
nous y entraîne. Les lecteurs qui voudront s'en
épargner l'ennui n'ont qu'à sauter les numéros
suivants.

1° Cet Être créateur du monde a les mêmes
inconvénients que le monde lui-même existant de
toute éternité. Il entraîne lui aussi la conception
d'un passé infini, ce qui est contradictoire.
— Réponse : nullement. Et c'est là la grande
supériorité du Théisme : seul il suppose un passé
sans succession. Ce qui est contradictoire, c'est une
série infinie terminée, mais pour faire une série,
il faut une succession (1). L'existence d'êtres mo-
biles et changeants constitue une succession ; et
une succession infinie réalisée est une contradiction. Mais l'existence par soi d'un être immuable
n'entraîne ni série, ni succession, ni contradiction.
C'est seulement une chose dont nous ne nous
faisons pas l'idée, ce qui est tout naturel quand
il s'agit de Dieu.

(1) *Apologétique*, T. I. Étude sur le Temps et l'Espace.

2º La Cause existe par son effet, comme l'effet par sa cause ; il ne peut y avoir de cause sans effet. Donc, la cause dépend de l'effet. D'un autre côté, l'Absolu doit être tout à fait indépendant : il ne peut donc pas être cause.

Réponse : Ceci est une querelle de mots. Un être peut être appelé cause en tant qu'il produit son effet ; mais s'il ne produit pas d'effet, il ne mérite plus le nom de cause : affaire de langage, et c'est tout. — La cause ne *dépendrait* de l'effet, que si elle produisait son effet *nécessairement*, mais si elle le produit librement, elle est indépendante. Et c'est ainsi que nous comprenons que l'Absolu soit cause.

3º L'Etre souverain, en créant, est devenu Cause. Auparavant il ne l'était pas. Cela fait un changement en Dieu. Il n'est donc pas immuable.

— Réponse : Rien n'est changé en Dieu par la création, rien du tout.

— Rien comme substance. La substance créée n'a rien ajouté à son être : Car Dieu a en lui-même éminemment tout ce qu'il y a de positif dans les créatures.

C'est, pour nous servir d'une comparaison banale, comme la réalité d'un visage qui n'est pas augmentée par les images multipliées dans un miroir.

— Rien comme volonté. La volonté de créer est libre, elle aurait pu, en théorie, ne pas être. Mais en fait, elle est éternelle, et n'est jamais venue se surajouter à Dieu.

— Rien comme temps. L'objection suppose qu'il y a en Dieu deux temps : l'un éternel où Dieu n'a rien créé, l'autre qui est le nôtre, où Dieu a créé l'univers. Mais c'est là une conception humaine : nous autres, qui vivons dans le temps, nous ne pouvons pas nous représenter l'éternité. L'éternité n'est pas un temps : en Dieu, il n'y a ni *avant*, ni *après* (1).

Et avant la création, qu'y avait-il ? Le néant des créatures ; mais le néant, ça ne se sent pas, ça ne compte pas, ça N'EST PAS.

4° L'indépendance, c'est l'absence de relations : dès qu'un être a des relations, il est relatif, et n'est plus absolu.

— Réponse : Ce qui constitue la dépendance, ce n'est pas une relation quelconque, c'est une relation *nécessaire*. Si un être ne peut se passer d'un autre, il en dépend ; mais s'il peut s'en passer, il n'en dépend pas. H. Spencer reconnaît cela lui-même, comme nous venons de le voir. Or, la création, étant libre, ne crée aucune nécessité, et par conséquent aucune dépendance.

5° Mais si la Cause première agit librement, elle ne peut agir que par conscience. La conscience suppose nécessairement deux termes, l'objet et le sujet : ce qui crée une relation et détruit l'absolu.

— Ne peut agir que par conscience ! Ne voilà-t-il pas le plus formel anthropomorphisme ? Que sait M. H. Spencer de la vie intime de Dieu ?

Il est vraiment bien hardi de vouloir scruter non seulement comment Dieu a créé l'univers, mais encore comment il vit en lui-même. Il est très naturel qu'il y ait là des mystères. Dieu n'a certainement pas une conscience, pas plus qu'une intelligence, à la manière humaine. Sa conscience ne saurait avoir pour objet nécessaire les êtres créés. Et, supposé qu'il y ait en lui-même des relations, — la théologie chrétienne en reconnaît, comme tout le monde le sait, — ces relations ne le rendraient dépendant de personne,

____

(1) *Apolog.*, t. I. Etude VI, p. 238.

puisqu'elles sont renfermées en lui-même et qu'elles le constituent dans une parfaite unité (1).

6° L'Infini est de sa nature inconditionné, c'est-à-dire sans attributs, ni qualités, par cette raison que toute condition, qualité ou attribut, est une restriction : l'objet qualifié est privé de tout ce qui est exclu par la qualification. Or, toute idée est nécessairement conditionnée ; on ne saisit un être que par ses qualités. Ce qui n'a aucune qualité n'est rien. L'infini n'est donc rien.

— Réponse : Cette très vieille et très fameuse objection a été formulée surtout par Hamilton, qui a trouvé la formule connue: penser c'est conditionner. Mais il a fourni lui-même la réponse : « Cette « conscience de notre impuissance à rien conce- « voir au-delà du fini et du relatif, ne prouve pas « qu'il n'y ait rien au-delà en réalité » : — en d'autres termes : notre esprit ne saisit pas l'infini, mais cela ne prouve pas que l'infini n'existe pas.

—Au fond, c'est encore ici une querelle de mots.

On peut se placer à deux points de vue : 1° Au point de vue subjectif, c'est-à-dire de notre propre pensée, Hamilton a raison. Nous ne pouvons en effet rien concevoir que de fini et de contingent : c'est une qualité ou plutôt une infirmité de notre esprit qui, étant contingent lui-même, ne saisit que ce qui lui ressemble. Mais il ne s'ensuit nullement qu'il n'y ait rien autre. Un homme qui, ayant la jaunisse, ne peut voir que du jaune, ne doit pas conclure qu'il n'existe rien de blanc. De même nous n'avons pas une idée proprement dite de l'infini : mais nous savons par notre raison qu'il y a quelque chose qui s'appelle l'infini. Tout en ne le connaissant pas en soi, nous l'affirmons sans cesse, nous ne pouvons pas ne pas

(1) *Apolog.*, t. III, Art. Mystères.

l'affirmer. Cette affirmation est le fondement même de notre raison. Ainsi la lumière matérielle que nous ne voyons jamais, sinon sous la forme partielle de telle ou telle nuance, que nous ne pouvons pas nous figurer autrement, mais qui en soi est au-dessus de toute nuance et sans laquelle toute nuance, même toute forme, toute vision est impossible.

2° Au point de vue objectif, du côté de Dieu : Dieu qui est l'infini, a-t-il des qualités ? — Il y a deux espèces de qualités : positives et négatives. Les positives sont celles qui emportent une idée de puissance, de fécondité, de perfection. Les négatives disent ce qu'on n'a pas, ce qui manque. Notre misérable langage donne à toutes une forme négative ; il nomme l'infini par opposition au fini, parce qu'il ne conçoit que le fini, comme nous venons de le dire. Mais qu'importe ? Le mot infini est négatif, mais qui ne voit que l'idée est éminemment positive ? — Eh bien ! l'Etre suprême a toutes les qualités positives, sans rien de négatif, par conséquent, sans limitation ni restriction. Sa note distinctive et particulière est d'avoir toutes les qualités. Sa condition est de n'avoir aucune condition (1).

7° L'Etre infini a créé sans doute parce qu'il était meilleur de créer. Il était donc commandé par l'idée du meilleur. Donc il n'est point indépendant ni absolu.

— Réponse : L'homme se détermine par des motifs. Sa règle est en dehors de lui, elle est en Dieu. En fait, il peut obéir à un mauvais motif, mais il ne peut ne pas en avoir. — Mais Dieu ne se détermine pas par des motifs ; il est à lui-même sa propre règle. Il n'a pas créé le monde par aucune

(1) *Apolog.*, t. I, n° 26.

nécessité : il était en soi, si l'on peut employer ce terme qui est trop humain, personnellement indifférent à ce que le monde existât. Saint Thomas nous dit qu'il l'a créé par bonté ; sa volonté n'a eu d'autre motif que sa volonté même (1).

8° On ne peut pas se représenter le passage du néant à l'être.

— En effet, on ne se représente guère cela. Mais pourquoi ce que nous ne pouvons pas nous représenter serait-il impossible ? Spencer observe quelque part assez finement que nous ne pouvons pas nous représenter le globe terrestre dans ses proportions véritables : cependant nous croyons à son existence.

— Et même n'y a-t-il pas certaines petites créations dont nous sommes les auteurs et qui peuvent nous aider à nous figurer un peu la création divine ? Dieu a créé des substances ; nous créons des modifications ; nous *faisons* des mouvements, nous *faisons* des raisonnements, nous *faisons* des projets, des découvertes, des inventions ; pourquoi Dieu ne FERAIT-IL pas des choses ?

9° Si la condition de créateur est préférable, pourquoi est-il resté si longtemps sans rien créer ? si elle ne l'est pas, pourquoi est-il sorti de son repos ? si elle est indifférente, on ne s'explique pas sa production.

—Répétition affaiblie des objections précédentes et que nous ne mentionnons que pour faire bien voir que nous n'omettons rien. — *Condition préférable*, voir n° 7. *Resté si longtemps*, n° 3 (Auparavant). *Sorti de son repos*, n° 3. *On ne s'explique pas*, n° 8.

10° Comment Dieu a-t-il pu créer l'espace et le temps ? Nous les concevons comme des choses

____

(1) *Apolog.*, T. I. n° 35.

nécessaires. Mais si l'espace et le temps sont nécessaires, les êtres qu'ils contiennent le sont aussi.

— Réponse : La question de l'Espace et du Temps est d'une grande importance en théodicée. Nous lui avons consacré une Note spéciale. (Voir Etude VI dans *l'Apologétique*). Nous ne pouvons qu'y renvoyer M. Spencer et ses partisans.

Le célèbre philosophe ne dédaigne pas de descendre à des pauvretés dignes tout au plus d'un conférencier franc-maçon. Nous y répondrons plus brièvement.

11° Comment la Puissance est-elle capable de faire toutes choses et la Bonté incapable de faire le mal ? — Parce que le mal n'est qu'un néant, et faire le néant c'est ne rien faire. Le mal est un dérèglement, un *défaut*, une *absence* de conformité à la Règle. C'est une volonté qui *se détourne* de l'Ordre et de la Raison. Or Dieu est l'Ordre et la Raison ; à coup sûr, il ne peut pas se détourner de lui-même.

12° Comment la justice infinie peut-elle appliquer la pénalité la plus sévère à chaque péché, et la miséricorde infinie pardonner au pécheur ?

— Parce que le péché n'est puni que s'il existe, et il n'existe plus si on se repent. La justice s'applique à l'endurcissement et la miséricorde au repentir. La miséricorde comble le pécheur de grâces et de prévenances : s'il résiste jusqu'au bout, il n'a plus à attendre que la sévérité d'un jugement formidable. — Tout cela n'est pas très neuf ni très difficile.

13° Comment la sagesse peut-elle savoir tout ce qui doit arriver et la liberté est-elle capable d'agir ou de s'abstenir ?

— Ces deux choses n'ont aucun rapport. La

Sagesse sait ce qui est, ce qui a été, et ce qui sera : la succession créée tout entière est éternellement présente à ses yeux. La liberté agit ou n'agit pas. — Rien de plus facile à comprendre.

14° Comment l'existence du mal est-elle compatible avec l'Etre souverainement parfait ?

— Le mal n'est pas dans l'être parfait, mais dans les êtres imparfaits, et il est en ceux-ci pour de bonnes raisons. (1)

15° ...car s'il veut le mal, il n'est pas infiniment bon ; et s'il ne le veut pas, sa puissance a des limites.

— La Bonté ne consiste nullement à empêcher qu'il y ait aucun mal : par exemple qu'aucun être ne souffre, qu'aucun ne pèche. Elle consiste seulement à fournir à chacun avec abondance ce qui lui est utile. La seule chose qu'exige la raison, c'est que chacun soit traité avec justice, bons et méchants.

Enfin Spencer en vient aux plus basses et aux plus plates grossièretés : tant il est vrai qu'il est impossible d'être impartial envers Dieu, et tant la neutralité devient vite de la haine ! « Le pen-
« seur... s'indigne de se voir accusé d'irréligion
« parce qu'il refuse d'accepter comme la meilleure
« une théorie par laquelle la création est assi-
« milée au travail d'un charpentier. Il peut pen-
« ser qu'il lui est aussi inutile que difficile de
« cacher sa répugnance pour une croyance qui
« attribue tacitement à l'Inconnaissable un amour
« de l'adulation qui ferait mépriser l'être humain
« qui en serait affligé. Convaincu comme il doit
« l'être que la souffrance est dans l'ordre de la
« nature une route pour faire arriver au bien-

____

(1) Voir ces raisons *Apologétique.* T. II et T. III.

« être général, il condamnera peut-être avec em-
« portement que la souffrance soit une vengeance
« divine, et que la vengeance divine dure éter-
« nellement. »

— Je ne sais si cette comparaison passera pour
un modèle de délicatesse et de bon goût, mais j'ose
dire qu'elle n'a absolument aucun sens au point
de vue philosophique et religieux : car, quel
rapport peut-il y avoir entre la besogne du charpentier et le *Fiat* du Créateur ?

— Quant aux assertions qui accompagnent
celle-là, « il m'est aussi inutile que difficile » de
cacher le mépris et le dégoût qu'elles me causent.
Est-ce par amour de l'adulation que Dieu veut
être honoré ? Non, c'est un devoir de l'homme, et
Dieu doit exiger que nous accomplissions tous nos
devoirs. Taxerez-vous un père de vanité parce
qu'il veut que son fils le respecte et le salue ? Le
père n'a que faire de ces respects et l'ingratitude
du fils ne fait de tort qu'à lui seul. Les hommes
dépendant de Dieu ne doivent pas s'attribuer la
gloire ; et c'est un vice et une sottise pour eux de
la rechercher. Mais ce qui est chez les humains
une usurpation sacrilège ou ridicule, est le droit
absolu du Père éternel.

La souffrance est une vengeance, n'en déplaise
à M. Spencer : elle est la vengeance de l'Ordre
violé. Ainsi la douleur que cause une luxation est
la vengeance du membre déplacé, et lorsque le
membre n'est jamais remis en place, la douleur
ne finit jamais (1).

— Stuart Mill ne fait guère que répéter les pauvres objections de Spencer dont il a été le maître
ou le disciple, — je ne sais trop, mais dont il est
à coup sûr le proche parent comme penseur.

Nous considérerons donc ses objections comme

(1) *Apologétique* T. III. Etude sur l'enfer.

suffisamment réfutées. En voici une cependant qui est spécialement savoureuse pour un philosophe :

« L'argument téléologique (celui que Kant appelait physico-théologique, et qui est tout simplement celui des causes finales), « l'argument « téléologique a encore de la valeur, même après « Darwin. Oui, même après Darwin, il est impos-« sible de ne pas reconnaître une pensée domi-« nante et ordonnatrice dans la nature » (1). Aveu intéressant à retenir. — Mais, dit notre fameux Anglais, ce n'est pas au Dieu des chrétiens que cet argument nous conduit. C'est à une manière de démiurge imparfait et impuissant. Le monde est plein de défauts ; même le corps humain, qui passe pour un chef-d'œuvre, est plein de défauts (2). Le mal existe dans le monde (3) et Dieu y est à peine connu. « Et s'il y a des moyens choisis « avec sagesse, cette sagesse même est contraire à « l'idée de la toute-puissance. Si Dieu était Tout-« Puissant, il n'aurait pas besoin d'un plan, tout « plan lui serait inutile, il réaliserait tout ce qu'il « voudrait d'emblée. Le lion saisit sa proie avec « force, et laisse la ruse au renard. »

D'autres ont déjà parlé avec emphase de tous les défauts de la création, depuis Garo de La Fontaine jusqu'à Voltaire. Mais ce qu'on n'avait jamais imaginé jusqu'à présent, c'est que ce soit une ruse indigne de la Toute-Puissance divine de voler avec des ailes, de marcher avec des pieds : le Créateur, s'il était tout-puissant, aurait agi sans moyens, et aurait fait des êtres marchant sans pieds et voyant sans yeux. L'objection est originale et digne de l'excentricité anglaise.

J'espère qu'on ne nous reprochera pas de ne pas tout dire.

---

(1) *Apologétique*, t. I. *Etude sur l'Evolution*, n° 197.
(2) *Id.* n° 37.
(3) *Ibid.* n° 27, 96, 97. T. III. ART. *Souffrance*.

III

A ces philosophes classiques, joignons quelques contemporains.

M. Le Dantec est un physicien distingué. A en juger par son livre, c'est un honnête homme et même un galant homme. Il a publié un petit ouvrage intitulé : *L'Athéisme* (1), où il nous fait sa profession de foi, très remarquable par sa franchise, bien supérieure aux faux-fuyants et aux sous-entendus de M. Renan, son fameux compatriote.

1° En commençant il nous déclare qu'il est athée par nature. Enfant, il allait au catéchisme, et il savait très bien sa leçon ; mais au fond du cœur, il ne comprenait pas qu'il pût y avoir un Dieu récompensant et punissant chacun selon ses mérites. Tel qu'il était alors, tel il est toujours demeuré. Il est déterministe absolu, et il produit ses livres comme le pommier produit ses pommes. Il est persuadé que la grande majorité des humains, même anticléricaux, croient en Dieu, et que l'athéisme est une tare, un vice qu'on cache. Quant à lui, il est fait ainsi, et il n'en a pas honte. Il comprend qu'il y ait des croyants, et n'espère nullement les convertir ; il pense qu'il pourrait même arriver qu'un athée devînt croyant,

____

(1) Flammarion, 1906. M. Le Dantec a publié plusieurs autres ouvrages, mais je n'ai lu que celui-ci.

après l'avoir lu : ce serait singulier, mais non impossible. L'athéisme est une nécessité héréditaire, comme la croyance, et on ne peut pas se refaire. « Je ne serais pas véritablement athée si j'entre-« voyais la possibilité de ne plus l'être. Je suis « athée, comme je suis Breton, comme on est brun « ou blond, sans l'avoir voulu. Je n'ai aucune « raison d'affirmer que l'athéisme vaux mieux « qu'autre chose, n'ayant pas moi-même goûté à « autre chose. L'idée de Dieu n'explique rien pour « moi, car je ne trouve aucun sens à cette for-« mule. »

2° Puis il exposé à sa façon les preuves de l'existence de Dieu.

Il commence par les écarter à priori par ce singulier aphorisme : les preuves de Dieu sont insuffisantes, par cela même qu'il en faut. — Ce qui revient à dire : aucune démonstration ne peut servir à rien, il n'y a de vrai que ce que tout le monde saisit du premier coup. Etrange affirmation dans la bouche d'un savant (1).

Ensuite il énumère ces preuves, les discute et les trouve sans valeur.

— D'abord la *preuve métaphysique*, à savoir que le moins parfait démontre le plus parfait, qu'il faut admettre un idéal de perfection. — Cela suppose deux choses, dit-il : la première, qu'on a l'idée de Dieu. Or, beaucoup de personnes, parmi lesquelles M. Le Dantec, ne l'ont pas du tout. On pourrait

---

(1) Peut-être l'auteur veut-il dire que Dieu, étant le père de tous les hommes, devrait avoir gravé son nom dans l'âme de tous. En ce cas il se réfute lui-même, lorsqu'il dit que la très grande majorité des hommes sont croyants. Le fait est qu'on a rarement besoin de prouver l'existence de Dieu ; les démonstrations n'ont été faites qu'après coup, pour ceux dont la foi est ébranlée.

répliquer qu'ils doivent bien avoir l'idée de perfection et de progrès. Si cependant ces gens-là ne
savent pas ce que c'est que ces mots : perfection,
progrès, Dieu, idéal, j'avouerai volontiers que l'argument ne vaut rien pour eux ; — la seconde, que
nos idées ne nous trompent pas. Or, cela est faux,
dit notre philosophe attendu qu'elles nous trompent souvent. Ainsi (et cet exemple est cher à
M. Le Dantec qui y revient plusieurs fois), tout
le monde, et M. Le Dantec lui-même, a l'idée de
la verticale absolue. C'est-à-dire que les hommes
sont universellement et invinciblement portés à
croire que toutes les verticales sont parallèles
(du moins c'est ce que j'ai cru comprendre, car
l'auteur n'explique clairement nulle part ce que
c'est que la verticale absolue). En quoi ils se
trompent évidemment puisque la terre est ronde.

Quant à moi, je pense que l'exemple est très mal
choisi, puisque réellement les verticales des lieux
voisins sont *sensiblement* parallèles, ce qui est
tout ce qu'on veut dire, et par conséquent il n'y a
là aucune erreur. — De savoir si la verticale de
Paris est parallèle à celle de New-York, le vul-
gaire ne se préoccupe pas de cela. C'est une question scientifique et compliquée, qui dépend de la
forme de la terre, et à laquelle on ne pense pas.
Et supposé qu'on fasse bien comprendre la question à un auditeur aussi illettré qu'on voudra, je
ne crois pas qu'aucun fasse difficulté de convenir
que les verticales ne sont pas parallèles.

— En second lieu, *preuve morale*. Nous avons
tous la notion du bien et du mal. Cette notion suppose un législateur universel. — Encore ici M. Le
Dantec répond que ces idées peuvent nous trom-
per, et en citant la verticale absolue. — Mais le
bien ou le mal, et la verticale, ce n'est pas la
même chose. Le témoignage des yeux, n'ayant

pas l'exactitude d'un graphomètre, fait croire aux gens que les verticales qu'ils peuvent comparer sont parallèles : voilà une erreur universelle et facilement explicable. Mais quels yeux ont pu faire trouver à tous les hommes à la fois cette idée étrange qu'il y a des actions bonnes et d'autres mauvaises, des gens vertueux et des criminels, qu'il est à propos de punir les uns et de récompenser les autres ? Actuellement, les Evolutionnistes se donnent beaucoup de peine pour expliquer cela, et ils espèrent y réussir. J'en suis moins sûr qu'eux ; à coup sûr du moins ce n'est pas la comparaison de la verticale absolue qui pourra y suffire.

— *Preuve historique.* L'idée de la Divinité existe chez tous les peuples. — Sans doute, répond M. Le Dantec, mais celle de la verticale absolue aussi. — L'homme est un animal religieux. — Cela est encore vrai, dit encore M. Le Dantec. Mais peut-être les fourmis le sont : qui le sait ? — Et il faut avouer que l'idée de Dieu est très commode pour maintenir le bon ordre.

Ici, j'avoue que je ne comprends plus du tout. Si les fourmis croient en Dieu, est-ce une preuve que Dieu n'existe pas ? Et cette idée si commode, comment se fait-il que tout le monde l'ait inventée à la fois ? Cette entente universelle de tous les êtres, même les plus étrangers les uns aux autres, d'un bout de la planète à l'autre, me laisse rêveur. Que M. Le Dantec se rappelle qu'à l'époque évidemment très ancienne où cette convention, si commode pour les gouvernements, a été inventée, il n'y avait ni chemins de fer, ni télégraphe : on ne communiquait pas même facilement de Paris à Londres : jugez s'il fallait communiquer entre hommes et fourmis !

— *Preuve physique*. C'est celle de la contingence du monde, et de la nécessité d'une cause première. — Elle vient, dit notre auteur, d'une disposition naturelle à chercher toujours l'explication de tout. — Ici je pense qu'il a parfaitement raison. C'est cela même. L'idée que le monde a une cause vient de ce qu'on veut expliquer d'où vient le monde. Rien de plus vrai.

Et parmi ces explications on choisit d'instinct, dit M. Le Dantec, celle qui est la plus obvie, la plus banale. On se figure une espèce d'homme plus puissant que les hommes ordinaires. — Je réponds : Si par cet homme supérieur, on entend un individu ayant vraiment des mains, des yeux, des passions et des ignorances, on ajoute à l'idée de cause une foule de détails qui y sont fort étrangers, et on a grand tort ; mais si par cet Etre supérieur, on entend simplement quelqu'un ou quelque chose qui soit cause universelle, c'est un raisonnement très respectable, et, n'en déplaise à M. Le Dantec, vraiment scientifique. — Ainsi qu'un homme, passant dans un chemin, reçoive une pierre sur la tête, je défie tout le monde, et M. Le Dantec lui-même, de ne pas se demander tout de suite pourquoi et comment cette pierre est arrivée sur son crâne. Et si cette pierre est suivie d'une quantité d'autres pierres, il sentira un vif besoin, un légitime besoin d'explication, et cherchera ce qui *cause* cette dangereuse avalanche.

Que M. Le Dantec y réfléchisse. Lui qui est savant ne fait pas autre chose : il passe son temps à chercher les causes, et quelques-uns disent qu'il y réussit assez joliment. J'avoue qu'il ne se représente pas comme les sauvages ces causes sous la forme d'un homme supérieur, mais il est plus près d'eux qu'il ne croit. Il ne fait que retourner la proposition : pour le sauvage naïf toutes les causes ont la forme d'un homme, pour le savant l'homme est compté parmi les causes ; au fond, les uns et les autres ont la même idée : il faut quelque chose qui rende compte de ce qui est contingent.

Mais, insiste M. Le Dantec, il faudra expliquer à son tour cet Homme supérieur lui-même : et la difficulté n'est que reculée. — Pardon : les accidents qui compose le monde ont besoin d'explication, tandis que l'Etre qui n'a rien d'accidentel n'a pas besoin d'autre chose que de lui-même. Celui qui est en soi éternel, infini et toujours le même, est l'explication dernière de tout.

— Il n'y a pas besoin de chercher l'origine du monde : tout se transforme et se succède de toute éternité. C'est tout. — Voilà le nœud même de la question entre nous, M. Le Dantec ! Un être fixe et immuable peut et même doit être éternel. Mais une succession éternelle, un progrès éternel, cela est contradictoire. Pour se transformer, il faut perdre et acquérir. Spencer exprime cela dans un langage scientifique : « Il est impossible que le « potentiel passe de lui-même au réel. » Et cette nécessité inhérente qui amènerait ceci ou cela à l'existence est un mot vide de sens, ou plutôt une comparaison grossière « tirée de la germination des végétaux ». (H. Spencer.)

— On ne croit plus à l'âme : or, Dieu n'est qu'une âme de monde ; il ne faut pas y croire non plus. —Réponse : Qu'on ne croie plus à l'immortalité de l'âme, c'est une erreur concevable ; mais qu'on ne croie plus à l'existence de l'âme, c'est une absurdité pure ; puisque l'âme est ce qui pense. Il faut s'entendre sur la nature de l'âme, et sur celle de Dieu. Mais tant qu'il y aura un homme qui pense, il y aura un quelque chose qui sera une âme. De même tant qu'il y aura des êtres changeants et contingents, il y aura un quelque chose qui sera Dieu.

— *Preuve* tirée du *mouvement*. Il n'y a jamais eu de commencement, mais seulement des transformations du mouvement. — Même réponse que ci-dessus. Un mathématicien ne devrait pas nous parler d'un mouvement *éternel*, d'une transformation *éternelle* : ne sent-il pas que ces mots-là jurent ensemble ? — Vous dites que cette preuve est un anthropomorphisme. Et moi, je vous dis que si vous vous consultez vous-même, vous sentirez que le mouvement perpétuel est une absurdité. L'idée d'éternité entraîne celle de repos.

— Preuve tirée de l'*Ordre* du monde. Ce paragraphe fait voir en plein cette parfaite bonne foi qui rend M. Le Dantec si sympathique. Cette fois, il est bien sur son terrain et il parle de ce qu'il sait. Etudiant tous les jours les lois de la nature, il les connaît ; cette connaissance le rend modeste ; il hésite, et il l'avoue. Il ne peut ni nier ni expliquer l'existence de ces lois (1). « Il y a dans le « monde un déterminisme absolu, nous dit-il ; « d'où vient-il ?... Je l'ignore, je suis agnostique... « je constate que ces lois existent, je les étudie, « je m'en sers... elles suffisent à me plonger dans « un profond étonnement. » Pourquoi donc n'avoue-t-il pas l'existence d'une cause première ? Le voici : « Croire à l'existence d'un Homme « supérieur appelé Dieu, ce serait remplacer un « mystère par un autre. » Ainsi ce qui maintient l'athéisme de l'éminent professeur, c'est l'idée fausse qu'il se fait de Dieu. Il est évident qu'un être quasi humain, borné et changeant, ce serait une explication telle qu'il vaudrait tout autant n'en pas avoir. Mais pourquoi ne pas mentionner, du

---

(1) M. Le Dantec essaie bien, comme on le verra tout à l'heure, une explication ingénieuse des lois de la nature. Mais il sait bien que cette explication elle-même ne peut s'appliquer à l'ensemble.

moins pour la combattre loyalement, l'idée chrétienne et traditionnelle de la cause première, c'est-à-dire un être immuable, impassible, immense, tout à fait différent de l'homme et de tous les êtres qui sont dans le monde ? Ne serait-ce pas une solution raisonnable ? Pourquoi paraître l'ignorer ? Car enfin, cette idée que Dieu est un Homme supérieur, elle peut encore, à la rigueur, se trouver chez les sauvages de l'Océanie, peut-être même chez quelques paysans grossiers du fond de la Bretagne ; mais elle ne se trouve, à coup sûr, dans aucune théologie ni catholique, ni même chrétienne, ni même musulmane, ni simplement philosophique.

Il y a beaucoup d'esprits, et parfois des plus distingués, qui auraient besoin, non pas tant de discuter sur la religion que d'étudier le catéchisme.

2° L'auteur termine son livre par quelques observations originales dont je ne veux pas priver mes lecteurs.

— Amour de Dieu. M. Le Dantec ne le comprend pas. Il nous raconte qu'une vieille dame lui disait, quand il était enfant, qu'elle n'aimait pas le bon Dieu, qu'il lui faisait peur. Il semble que la religion superstitieuse de son entourage ait eu une influence fâcheuse sur cet esprit naturellement délicat et logique.

— Prière : inutile, évidemment, puisque tout ce qui arrive est déterminé d'avance ; mais il y aurait de la cruauté à la proscrire : il faut la permettre comme une consolation.

— Voltaire regardait l'athéisme comme incompatible avec la morale et le bien de la société. Ce serait là une objection très sérieuse. Mais on peut y répondre par l'opinion opposée de Diderot, que l'expérience suffit pour apprendre aux hommes qu'il vaut mieux être honnête.

— L'idée de Dieu est inutile, nuisible même à l'individu isolé qui ne doit consulter en tout que son intérêt. Ainsi le tigre, type de l'égoïste parfait : l'idée de Dieu, en le rendant timide, lui ferait le plus grand tort. Mais cette idée est fort utile à l'animal sociable. Ainsi le chien, *modèle d'animal religieux,* est plus heureux que l'homme. — On peut supposer que les seules nécessités sociales aient créé une conscience morale héréditaire.

L'athée, ne pouvant pas ne pas obéir à son héritage de pitié et d'obéissance sociale (1), affligé de cette conscience morale héréditaire, précise et instinctive, — et d'un autre côté sachant qu'il ne peut rien imposer aux autres qui sont prédéterminés dans tout ce qu'ils font par la nature de leur hérédité (2) — ne peut se défendre efficacement et former une société.

Cette conscience morale a été maintenue jusqu'ici par la religion. Cessera-t-elle de l'être ? On ne peut rien prévoir à ce sujet. Peut-être sera-t-elle soutenue un jour seulement par l'obéissance aux lois.

— Conséquences privées de l'athéisme. Elles sont peu avantageuses. « Un athée, s'il allait « jusqu'au bout de son athéisme, n'aurait aucun « désir, ne se proposerait aucun but, ne ferait « aucun effort. A quoi bon ? » « Il se suiciderait

---

(1) Ainsi tout est expliqué par la loi de l'hérédité. Soit ; mais qu'est-ce que l'hérédité elle-même ? N'est-ce pas le cas de dire comme notre auteur ailleurs : « On ne fait ici que reculer la difficulté » ?

(2) Il semble qu'on pourrait aussi bien retourner la proposition ; que l'athée pourrait dire : je me moque de ma conscience héréditaire et de mon héritage ancestral. Je fais tout ce que je veux, puisque mes volontés et mes actions sont prédéterminées. Un athée moins honnête que M. Le Dantec le dirait certainement.

« au moindre accroc... Il ne se souviendrait plus
« qu'il fût fils, frère, mari... Et personne ne s'en
« plaindrait. »

Dans une société athée la mort ne ferait pas
peur ; au contraire, le suicide anesthésique y
serait en honneur et la société disparaîtrait proba-
blement par ce moyen.

On ne tiendrait pas davantage à la science et
peut-être y a-t-il de bonnes raisons pour que nous
ne l'aimions guère. « Qui de nous n'a envié un
« jour ou l'autre le bonheur de la vache ruminant
« paisiblement à l'ombre de la châtaigneraie...
« Quelle joie ne trouverions-nous pas à oublier
« tout ce que nous savons, à ne retenir de nos
« acquisitions ancestrales que ce qui nous amène
« à éviter le danger ? » La science engendre des
questions, des préoccupations de toute sorte.

En revanche, l'athéisme diminue la peur.
Comme on n'a rien à attendre, on n'a rien à
craindre.

Que cette conclusion de l'athéisme est triste !
Surtout quand on la compare avec la joie sereine
et vaillante des vrais chrétiens. — Et qui nous
aurait dit que la religion conserve non seulement
l'honnêteté des mœurs, la délicatesse de la conscience, la sûreté de la raison (1), mais encore
l'amour de la vie présente et l'activité scientifique ?

(1) Voir *Apolog.*, Etude XIII, *Science et Religion*, n° 347.

IV

Voici un autre professeur d'athéisme. Celui-ci a été chrétien et même prêtre. Style modéré. Tenue digne. Science irréprochable. Il est professeur à l'Université de Bruxelles, et s'est cru obligé d'expliquer ses convictions religieuses dans un livre intitulé *Le Divin* (1).

Voici les axiomes philosophiques sur lesquels il appuie toute sa doctrine.

1. Toute connaissance vient des sens, non en ce sens fort raisonnable que la sensation fournit à la pensée l'excitation qui la prépare, et l'objet sur lequel elle travaille ; mais en ce sens que la sensation est toute la pensée, que l'esprit n'y met rien du sien, que le cerveau est un magasin de photographies et que l'âme n'existe pas : croire à l'âme, c'est faire de la métaphysique, et faire de la métaphysique, c'est sortir de la science (2).

2. L'Évolution est la loi unique de l'univers. Physique, histoire naturelle, psychologie, histoire, religion, tout y est et il n'y a rien ailleurs. Tout progresse, le présent dépend du passé et il est gros de l'avenir : voilà toute la science.

(1) Marcel Hébert, Alcan, 1907.
(2) Voici une manifestation caractéristique de ce singulier état d'esprit. L'auteur réunit quelques personnes et leur demande ce qu'elles ont dans leur imagination quand on leur dit ce mot : *justice*. Quelques-unes répondent qu'elles voient en idée certains personnages d'une probité exemplaire ; d'autres un tribunal et un jugement. Il y en a qui lui déclarent qu'elles n'ont aucune image de quoi que ce soit. Aussitôt il conclut que celles-ci ne pensent à rien et que leur pensée est un pur zéro.

Notre auteur ne connaît que cela. Quand il affirme quoi que ce soit, il ne fournit pas d'autre preuve que ces deux principes, plus une foule de noms peu connus, mais sans doute fort considérables à ses yeux : MM. Leuba, Murisier, Boutroux, etc., et un grand nombre d'historiettes venues principalement de sources protestantes.

Résultat : La religion est un sentiment et pas davantage. La croyance en Dieu fait partie de la religion actuelle, mais cela n'a pas toujours été ainsi, et on peut l'en séparer.

En soi que faut-il en penser ? C'est une hypothèse comme une autre ; et toutes les hypothèses sont acceptables et discutables. Au sujet de l'origine du monde, il n'y a que deux hypothèses : l'une c'est le théisme, suivant lequel il y a un Dieu créateur de toutes choses ; l'autre c'est le monisme, suivant lequel il n'y a rien du tout sinon des *monères*, germes naturels et éternels de toutes choses.

Ces deux hypothèses sont aussi invérifiables l'une que l'autre, et chacune a ses partisans. Mais il y a contre la première une objection, la « TERRIBLE » objection du mal. Le monde est mauvais, il est tout rempli de mal. Là-dessus l'auteur nous cite Simonide, qui se plaignait de la prospérité des méchants, et Job qui maudissait le jour de sa naissance ; il nous raconte qu'un médecin (c'est le fameux Hæckel) a perdu la foi en Dieu en voyant la souffrance des malades dans un hôpital. — Les compensations de la vie future ne sont qu'une invention assez récente. — Et si vous dites que la souffrance est une source de perfectionnement moral, l'auteur nous répond que les animaux souffrent aussi quoiqu'ils n'aient ni perfection à atteindre en ce monde ni bonheur à espérer dans l'autre. Il ne peut se représenter un Dieu qui ait créé l'ichneumon pour se nourrir de chenilles vivantes, ou le chat pour se jouer de la souris.

Voici notre réponse, ou plutôt la réponse du bon sens. Qu'on nous permette de la développer à notre aise !

Il est parfaitement vrai que la douleur est le principal et presque l'unique moyen de perfection morale. C'est là le sentiment universel de l'humanité. L'Académie comme le Portique, les Hindous comme les Chrétiens, jusqu'aux Iroquois qui mettent leur gloire à supporter sans broncher les plus affreux supplices, jusqu'aux barbares Normands qui se vantaient de *rire* devant la mort, — tous les hommes — ont toujours regardé la souffrance comme la grande éducatrice de l'homme. Et cela est juste. La supériorité de l'homme, ce qui le fait homme, c'est l'énergie ; l'énergie ne se manifeste que par l'effort, et l'effort est à sa place quand on souffre. Que voudraient M. Hébert et tant d'autres ? Un monde où on ne souffrirait pas ? Pouah ! Ce serait une étable !

Le Christianisme est tout entier fondé sur cette doctrine : notre modèle est un Dieu crucifié. Et ce n'est pas une vaine théorie. Le Christianisme a donné à la lâcheté humaine le spectacle devenu banal de gens heureux de souffrir. M. Hébert n'en a-t-il jamais vu ? Et pourquoi n'en parle-t-il pas, lui qui mentionne avec complaisance les excentricités des *mind-curers*, des manichéens, des rabbins libres-penseurs ?

Jésus a fait de la souffrance une récompense. Et on l'a reçue comme telle. Saint Paul se glorifie de souffrir ; saint François d'Assise reçoit les plaies du crucifiement comme la suprême marque d'amour ; sainte Thérèse s'écrie : Ou souffrir ou mourir ! et le Curé d'Ars : La croix sue le baume, et transpire la douceur. L'Eglise entonne chaque année son hymne triomphal : *Crux fidelis inter omnes !...* Jésus n'a pas détruit la douleur, mais il en a triomphé ! Il a relevé l'humanité et il l'a relevée par la douleur.

M. Hébert, vous êtes personnellement, je pense, un honnête homme, mais votre doctrine, comme a dit Lacordaire, est une canaille de doctrine !

— Répondons aux objections.

Il est faux que les compensations de la vie future soient une invention récente. — J'avoue qu'elles se présentent dans l'antiquité sous une forme peu philosophique, légendaire, enfantine... mais quoi d'étonnant si nous interrogeons des peuples encore enfants ? Le fait est que sous une forme ou sous une autre, cette idée est universelle. L'auteur lui-même nous raconte que les Australiens croient à un grand sorcier qui viendra un jour juger les âmes, punissant les méchants et récompensant les bons. — Il y a loin de là aux jugements des morts en Egypte, aux transmigrations pénales de l'Inde, encore plus au Paradis de l'Evangile et à cette table céleste où le Père lui-même se ceindra les reins et, passant devant ses élus, les servira de ses propres mains ! Mais enfin cette *compensation* gouverne la vie de l'humanité : pourquoi la négliger et l'accuser d'être récente ? Et quoi de plus digne du Tout-Puissant que cette notion de la vie présente, souffrante, mais courte, servant d'épreuve à la vertu, d'occasion au mérite, et couronnée par une éternité de bonheur ?

— Mais les animaux ?

J'ose dire, quelque paradoxal que cela puisse paraître, que les animaux souffrent peu et seulement ce qu'il faut pour se conserver.

Évidemment, la chenille avalée par l'ichneumon
sent à peine sa destruction, et la souris tombée
entre les griffes du chat a une alternative de douleurs et de répits, qui ne ressemble en rien aux
angoisses d'une créature humaine qui serait à sa
place. Ce qui fait l'horreur de la souffrance
humaine, c'est la prévoyance et la pensée de la
mort : La bête ne prévoit rien et n'a aucune idée
de la mort : les neuf dixièmes des douleurs humaines leur sont épargnées. Non seulement elles
ne connaissent pas les souffrances morales, mais
elles ont très peu de maladies, et finissent le plus
souvent par une épouvante très courte et un coup
imprévu.

Je ne vois nullement que la mort violente des
chenilles ou les douleurs d'une souris soient une
raison de nier la Providence. Non, franchement,
je ne le vois pas.

— Simonide se plaint non pas des peines de la
vie, mais de la prospérité des méchants. M. Hébert
a tort évidemment de mêler ensemble des choses
qui se ressemblent si peu. Pourquoi fait-il cela ?
Sans doute parce qu'il lui coûtait d'avouer que sa
thèse sur l'excès de la souffrance est toute récente,
et que pendant des milliers d'années personne ne
s'est avisé que la vie fût mauvaise, et le Créateur
injuste.

— Il cite encore les auteurs hébreux, faisant la
même plainte. La réponse traîne dans tous nos
vieux cours d'exégèse. Dieu avait promis à son
peuple les biens temporels en cette vie, comme
récompense de sa fidélité. Et dans le livre de la
loi on évitait, sans doute par peur de l'idolâtrie,
de parler de l'autre vie. Rien d'étonnant qu'on
réclamât l'exécution de cette promesse et qu'on la
rappelât sans cesse à Dieu. D'ailleurs, cent autres

passages en témoignent la réalisation (1) ; et cent autres expliquent que si Israël a été abandonné de Jéhovah, c'est un châtiment qu'il a mérité (2).

Quant aux païens comme Simonide, ils pouvaient penser aux compensations du Tartare, comme Hésiode, Eschyle et Plutarque ; mais la tradition était couverte chez eux d'une telle couche d'immondices, qu'il n'est pas étonnant qu'elle ne leur suffît plus.

Quel rapport tout cela peut-il avoir avec le problème de l'existence ou de la non-existence de la Cause première ?

En effet, si nous nous en tenons à la rigueur de la logique, l'argument de M. Hébert est tout à fait

______

(1) Voir surtout les Psaumes. On pourrait les citer presque tous. La plupart attestent la ferme croyance que les justes sont récompensés en ce monde.

Ps. 1. Bienheureux l'homme qui n'est pas allé dans l'assemblée des impies, ne s'est pas levé dans la voie des pécheurs, n'a pas siégé dans la chaire du scandale, mais sa volonté est selon la loi de Dieu et il médite cette loi jour et nuit. Il sera un arbre planté près d'une eau courante, il donnera son fruit en son temps, ses feuilles ne tomberont pas ; tout ce qu'il fera réussira. L'impie n'est pas ainsi...

Ps. 2. Pourquoi les nations ont-elles frémi et les peuples ont-ils médité de vains projets ?... Celui qui habite dans le ciel se rira d'eux... Et maintenant, ô rois ! instruisez-vous... Servez le Seigneur avec crainte... De peur qu'il ne se mette en colère, et que vous sortiez de la bonne voie. Quand il se mettra en colère, heureux ceux qui auront confiance en lui !

Ps. 3. Seigneur, mes ennemis se sont multipliés et s'élèvent contre moi... C'est vous qui êtes ma défense... Je ne craindrai pas des milliers d'ennemis : Seigneur, levez-vous et sauvez-moi !... C'est Dieu qui nous sauve et sa bénédiction est sur son peuple...

Ps. 4. Lorsque je l'ai invoqué, il m'a exaucé, le Dieu de ma justice ! Il m'a relevé dans mon malheur... Espérez dans le Seigneur ! Beaucoup disent : où trouverons-nous le bonheur ? La lumière de votre visage a été sur nous comme un sceau, votre joie remplit notre cœur. Eux font des amas de blé, de vin et d'huile. Moi, je me reposerai paisiblement en vous ! Car vous m'avez établi dans une espérance parfaite...

Ps. 5. ...Le méchant n'habitera pas devant vous, le pécheur ne vivra pas devant vos yeux. Vous haïssez ceux qui font le mal, vous perdez ceux qui disent le mensonge... Ceux qui espèrent en vous seront remplis d'une joie éternelle... ; etc., etc.

(2) Ici il faudrait transcrire presque tous les prophètes ; la chose est si connue qu'il est inutile de rien citer.

hors de la question. Il y a des preuves qui démontrent d'une manière absolue, — et notre auteur en convient lui-même en termes équivalents, — qu'il y a une Cause première, qu'elle est infinie, éternelle, intelligente et toute-puissante. La logique démontre cela. — Supposé que le monde ne soit pas conforme à la justice et à la bonté (ce que je n'admets pas), — cela ne prouve nullement que les arguments logiques soient fautifs.

Jamais, en bonne philosophie, il n'a été permis d'abandonner une thèse dûment prouvée pour une objection. On tâche de résoudre l'objection, et, si on n'y arrive pas, on attend de nouvelles lumières.

Ici, à cause d'une objection que je puis appeler lointaine et étrangère, vous abandonnez l'évidence même, et vous embrassez une absurdité avouée !

2° C'est ce que nous allons faire voir en achevant l'analyse du livre.

L'auteur ne manque pas d'exposer et de réfuter à sa façon les preuves de l'Existence de Dieu.

Il divise ces preuves d'une manière qui lui est particulière.

Trois espèces de démonstrations : 1° Par le sentiment (*Prédominance de l'élément émotif*). Là, il nous décrit longuement et assez impartialement les extases des mystiques et les rapports qu'ils ont cru avoir avec Dieu même. Il conclut avec raison que cette croyance, toute personnelle ne prouve nullement l'existence objective de celui qui était l'objet de leur amour ; — 2° par la raison (*Prédominance de l'élément intellectuel*) ; — 3° par la volonté (*Prédominance de l'élément actif*). On croit en Dieu parce qu'on a besoin de lui. Cela ne prouve pas grand'chose en stricte logique.

Négligeons le 1° et le 3° qui ne nous fournissent en réalité aucune démonstration, et tenons-nousen au 2°. L'auteur, qui est fort au courant de la philosophie et de la théologie catholiques, oppose aux démonstrations de saint Thomas son propre système : Dieu n'est pas personnel, ni conscient ; c'est un Inconscient qui va se développant et qui est l'Idéal que notre esprit poursuit.

« Qui nous dit que le Parfait *réalisé* n'est pas « moins absurde que le Parfait *se réalisant ?* » — Il est trop facile de répondre. Si on entend par *réalisé,* un être *réalisé* par un autre, fait par un autre, il est certain que cela est parfaitement absurde ; car on ne comprend pas qu'aucune force puisse réaliser le Parfait absolu. Mais c'est là une amphibologie. Nous ne croyons pas à un parfait *réalisé,* mais à un parfait subsistant existant *a se.* Cela est non seulement raisonnable, mais la raison même : car il est raisonnable que l'Etre soit, — et que rien ne le limite.

Et le Parfait *se réalisant,* qu'est-ce que c'est ? Une pure battologie, comme un homme qui se soulève par les cheveux, ou qui, dix ans avant sa naissance, prendrait la résolution de naître.

— « Saint Thomas considère l'Etre comme à « l'état *statique :* mais nous le considérons à l'état « dynamique, c'est-à-dire comme actif, ainsi que la « science moderne le montre. » Mais quoi de plus actif qu'un Etre créateur ? Un Etre *actif* en ce sens qu'il produit quelque chose, cela se comprend ; mais en ce sens qu'il se développe tout seul, qu'il se *produit* lui-même, c'est positivement absurde.

« Qui prouve qu'un *Etre* sans *devenir* n'est pas « aussi absurde qu'un *devenir* sans *Etre ?* » Qui le prouve ? mais le bon sens le plus élémentaire. Qu'est-ce que c'est que *devenir* sans *être ?* La première chose, c'est d'être. Quelque chose qui *n'est pas,* et qui *devient,* quelle fantasmagorie est-ce là ?

— Notre auteur comprend bien que le monde, n'étant composé que d'objets qui se comptent, ne pourra faire un Être infini. Alors que fait-il? Il nie résolument l'idée de nombre. « Le nombre est « une construction mentale d'ordre pratique qui « s'applique avec d'utiles résultats au monde des « phénomènes, vous permettant, une fois rangés « devant le vaste cadre de l'espace, de séparer, « comparer, classifier ; mais rien ne nous prouve « que les chiffres aient la moindre valeur dès que « nous les considérons en eux-mêmes. » Ainsi, il est utile dans l'ordre pratique, de savoir que nous avons dix doigts et deux yeux, que moi qui écris et vous qui lisez nous faisons deux personnes. Cela nous permet de comparer et de classifier ces choses, mais rien ne montre que j'aie dix doigts dans la réalité, et que vous et moi ne soyons pas la même chose. — « C'est dans l'ordre logique « qu'il y a contradiction entre perfection et deve-« nir, entre *unité* et *multiplicité*. » Voilà qui est bon à savoir. On nous abandonne dédaigneusement la logique. Nous ne demandons pas davantage. Nous prenons acte une fois de plus de cette vérité, qu'on ne peut abandonner l'existence de Dieu sans renoncer à la raison.

Et comme preuve, on ajoute que « notre vie « psychique se manifeste comme une et mul-« tiple ». Voyez ce raisonnement ! De ce que notre âme a plusieurs pensées, plusieurs sentiments, peut-être plusieurs états de conscience, il s'ensuit que le nombre est illusoire et que l'infini peut se confondre avec le fini !

Renan, que cite M. Hébert, a dit : Nous ne concevons l'existence que sous une forme personnelle, et dire que Dieu n'est pas une personne, c'est, suivant notre manière de penser, dire qu'il n'existe pas.

Il y a près d'un demi-siècle, ajoute notre auteur,

que ces paroles ont été écrites, et Renan ne pourrait les réécrire sans beaucoup de réserves. Pourquoi ? Parce que « toute la psycho-physiologie
« moderne tend à reconnaître le primat de la ten
« dance sur l'intelligence, de l'inconscient sur le
« conscient... C'est l'inconscient qui semble être
« pour le conscient l'inépuisable trésor d'où
« sortent pour le conscient ce que nous appelons
« inspiration, grâce, génie... »

Eh bien, appliquer à Dieu la psycho-physiologie, c'est-à-dire l'étude de l'âme et du cerveau
humain, franchement c'est inattendu. Et dire que
Dieu doit être inconscient parce que les hommes
de génie le sont ! Et l'existence d'un Dieu personnel, qui était certaine au temps de Renan, et qui
devient douteuse au bout d'un demi-siècle !

Et quand on pense que ces mêmes personnages
reprochent aux chrétiens d'être anthropomorphistes ! Transporter en Dieu l'inconscience du
génie, et la Psycho-physiologie, ce n'est pas de
l'Anthropomorphisme !

— M. Hébert s'occupe aussi des causes finales.
Il ne les nie point, mais aussi il ne les *concède*
point. De même que Dieu est réel, mais en train
de *se faire* ; de même que l'intelligence divine est
réelle, mais inconsciente ; de même la finalité est
réelle, mais immanente. « On objectera peut-être
« que cette finalité immanente n'est qu'une fina
« lité inconsciente. Or, qu'est-ce qu'une finalité
« inconsciente ? Les termes ne sont-ils pas contra
« dictoires ? — Pas plus que les termes : intelli
« gence inconsciente. Il n'y a contradiction que si
« nous donnons aux mots : intelligence et finalité
« leur sens psychologique humain. Nous nous en
« gardons bien » (p. 139).

N'est-ce pas à croire qu'on rêve ? Nous venons
de voir qu'on arrive à l'idée de l'intelligence

inconsciente par la psycho-physiologie moderne, par l'analogie avec les facultés inconscientes, trésor inépuisable du génie ; et maintenant on nous dit que le mot intelligence ne doit pas être pris dans un sens psychologique humain. On s'en garde bien !

Avec de tels procédés on peut s'attendre à tout. Il est visible qu'on a renoncé à « l'ordre logique ».

— Pour la création, il faut choisir entre la création *ex nihilo* et la formule : la fonction crée l'organe. Et voici la décision : « Nous ne comprenons « pas plus que la fonction crée l'organe que nous « ne comprenons la création *ex nihilo*. Mais nous « allons d'instinct à la formule la plus simple, et « celle qui se concilie le mieux avec l'existence du « mal dans le monde. »

Voilà tout ; je supplie le lecteur de se bien persuader que je ne cache rien et que je ne diminue rien. Je crois qu'il serait bien difficile de trouver l'absurdité soutenue d'une manière plus crue et plus audacieuse. Sur cette question de philosophie pure, à savoir : si la matière est créée ou incréée ; — rien autre que ceci : d'abord une question morale ou plutôt de sentiment, passée à l'état de refrain, et servant de réponse à tout, celle de l'existence du mal ; — puis une misérable équivoque sur le mot : *comprendre*. Il est vrai que nous ne comprenons pas la création, mais, nous ne la voyons pas comme une chose impossible ; seulement nous ne comprenons pas *comment* cela se fait. Tandis qu'il est radicalement impossible qu'une fonction crée son organe, si l'on veut bien entendre le mot créer dans un sens rigoureux et initial. Ainsi il est radicalement impossible d'y voir sans un œil, au moins rudimentaire. La vue peut développer l'œil, mais le créer, c'est nettement absurde.

Je ne trouve dans la suite qu'une seule chose digne de remarque. C'est une discussion avec M. Le Dantec, au sujet de la finalité. M. Le Dantec, comme il est naturel, ne veut pas l'admettre. Partisan d'un darwinisme rigoureux, il ne croit à aucune finalité. Il admet que « dans *un langage* « *imagé*, on puisse dire que la sélection naturelle « a guidé la variation de manière à produire tous « les êtres actuellement vivants, cette sélection « historique jouant ainsi dans la narration des « faits le rôle d'une Providence qui, dans le but « d'obtenir des êtres avec leurs formes actuelles, « aurait dirigé intentionnellement les variations « de leurs ancêtres. » Ailleurs il parle d'une « canalisation du hasard » qui donne vite « l'illusion d'une intention ».

— A cette théorie qui a au moins le mérite d'être nette et conséquente, M. Hébert ne répond que par des nébulosités. « M. Le Dantec a raison au point de vue scientifique, mais la pensée ne « peut-elle pas suggérer un autre point de vue?»Et quel est ce point de vue ? Le voici: « Le fait « purement objectif, comme on revient toujours « instinctivement à le croire, c'est la réalité, mais « en partie construite par l'esprit avec ses repré- « sentations d'espace, de temps et de nombre... » Ainsi le nombre, l'espace, le temps sont des conceptions subjectives, quoique l'instinct nous fasse toujours croire le contraire.

Oui, je pense bien qu'on croira encore longtemps que quand il y a dix œufs dans un nid, il n'y en a pas onze, et que ce chiffre de dix est *objectif*, c'est-à-dire ne dépend nullement d'une disposition de notre esprit, — que la ville de Londres est plus loin de notre main que notre poche, — et que Charlemagne est réellement, véritablement, objectivement, plus ancien que M. Gambetta et M. Clémenceau. M. Hébert doute de tout cela, et cependant pour lui le monde n'est pas une illusion, puisque l'esprit qui le construit ne le construit qu'en partie. Que n'y a-t-il pas dans le monde ? Il y a le déterminisme, le matérialisme, l'idéalisme ; il y a même une finalité : elle n'est pas en Dieu puisque Dieu est inconscient, ni dans le monde puisque la théorie de M. Le Dantec est parfaitement exacte au point de vue scientifique, ni dans l'esprit des gens, puisque tant de gens la nient, et ont raison de la nier. Cependant elle existe véritablement. C'est quelque chose, mais c'est peu de chose ; c'est plutôt une tendance qu'une opinion et un reflet plutôt qu'une croyance. — On voit que Bruxelles commence à se rapprocher de l'Allemagne et qu'il ne suffit pas de parler français pour y voir clair.

A quoi ferons-nous remonter la responsabilité de tant de théories exorbitantes et mal digérées, qui offensent le sens commun plus encore que la foi ? C'est sans doute à l'atmosphère qui entoure notre professeur et agit sur lui *inconsciemment*.

A force de subtiliser et de mettre tout en doute, nos contemporains en sont venus à ne plus distinguer le noir et le blanc. Plus une doctrine est saugrenue, plus elle devient populaire ; et lorsqu'elle est populaire, elle n'a plus besoin de démonstration : on n'a plus qu'à citer les noms de ceux qui la soutiennent.

Le seul axiome reçu comme une vérité absolue, c'est qu'il n'y a ni absolu, ni vérité. Les sciences de fait n'ont plus qu'une règle : Dieu ne saurait agir dans ce monde, et les sciences de spéculation que celle-ci : il ne faut pas faire de métaphysique.

V

Toutes les objections que nous venons d'énumérer ne sont pas sérieuses : mais un grand nombre supposent encore de la réflexion et de la bonne foi.

Il y en a d'autres qu'un exposé d'Apologétique Elémentaire ne peut omettre tout à fait, quoiqu'on ne puisse pas les répéter sans ennui et sans dégoût. Depuis que la propagande de l'athéisme est devenue une occupation et même un métier lucratif, il est né une polémique nouvelle qui ne s'adresse pas à la raison, mais aux instincts populaires. Là il ne s'agit plus de dire des choses sensées, mais de frapper vivement un auditoire ignorant. Je prends les suivants dans le livre d'un homme qui s'est fait une réputation à force de cynisme (1).

1° La matière et la force sont inséparables : d'où il suit qu'il ne saurait exister de force sans matière.

— Réponse : De ce que toute matière est accompagnée d'une certaine force, il ne s'ensuit pas la réciproque que toute force est accompagnée de matière. Ce raisonnement ressemble à celui-ci : Tous les agents de police sont Français, donc tous les Français sont agents de police.

2° Le néant ne peut rien produire : donc la création est impossible.

— Le néant ne peut rien produire : c'est la vérité même. Voilà pourquoi le progrès, tel que les

(1) Büchner, *Force et matière*.

matérialistes le conçoivent, où le monde va toujours de mieux en mieux, sans que ce mieux soit produit par rien, est une absurdité. — Mais ce n'est pas le néant qui a produit le monde, c'est le Tout-Puissant : ce n'est pas la même chose.

Et vous-même, M. B..., comment faites-vous pour produire toutes les belles choses que vous débitez ? A coup sûr, vous les produisez avec rien.

3° On ne peut se figurer une force créatrice éternellement inactive.

— D'abord, il y a beaucoup de choses très vraies qu'on ne peut pas se figurer, ô M. B...

Ensuite, vous jouez sur les mots, M. B..., ce qui n'est pas honnête. Quand vous dites : éternellement inactive, vous ne vous représentez pas l'éternité ; vous vous représentez une série de temps éternelle, ce qui est une pure absurdité, *aussi bien active qu'inactive*. En réalité, il n'y a que deux choses possibles : le temps fini et l'éternité fixe (1).

4° Le mouvement est éternel et inhérent à la matière : donc pas besoin de premier moteur.

— Supposé même que tous les êtres matériels soient en mouvement, — ce qui n'est pas démontré, — cela prouve-t-il qu'ils se soient donné ce mouvement à eux-mêmes ? Ce mouvement n'est-il pas tel ou tel, ayant telle ou telle vitesse, telle ou telle direction ? Quelle est la cause de tout cela ? Quelle en est la loi ? Cause, loi, c'est ce que nous appelons premier moteur. Que diriez-vous d'un ignorant qui, voyant une machine dont tous les rouages sont en mouvement, et toujours dans le même mouvement, en conclurait qu'elle s'est fait toute seule et qu'elle n'est fabriquée ni dirigée par personne ?

5° Le progrès des lumières a amené les hommes à ne plus croire en Dieu.

____

(1) Note VI sur le Temps, *Apolog.* t. I.

— Les plus sages, les plus intelligents (1) et les plus honnêtes y croient toujours. Et savez-vous si ceux qui n'y croient pas y ont bien réfléchi, sont bien désintéressés... et sont bien sincères ? (2)

6° La religion a nui à l'humanité : elle a corrompu la civilisation des Grecs et amené la chute de l'Empire romain.

— Qui se fût attendu que les partisans du progrès indéfini voulussent nous ramener aux Grecs et aux Romains ?

Et êtes-vous sûrs que la prolongation indéfinie du paganisme grec et romain eût été fort avantageuse ? (3) Le spectacle de l'Inde et de la Chine ne nous encourage pas à le croire. — Etes-vous sûrs que la religion des peuples les plus civilisés de l'humanité, de ceux qui ont créé les sciences, les arts, la société, l'humanité moderne, soit l'ennemie de la civilisation ? (4)

7° La matière est si riche et si féconde qu'elle peut tout produire, même l'esprit.

— Il y a des choses tellement énormes qu'on ne sait qu'y répondre. Si on venait vous dire que l'*Athalie* de Racine a été composée par un chien, que répondriez-vous ?

8° La science a remplacé la religion.

— Le fait est que la science a anéanti beaucoup de superstitions, ce qui n'est pas très malheureux ; mais elle ne saurait toucher les principes de la religion qui sont inexpugnables, de l'aveu même des Agnostiques. Et quant aux dogmes proprement

---

(1) Voir *Apolog.*, Science et Religion, n° 345.

(2) P. 115, 899. — Je vois un fait que vous ne nierez pas. C'est que tous les voleurs, tous les assassins, tous les coquins, de quelque espèce qu'ils soient, s'empressent de ne plus croire en Dieu. Je recommande cela à vos méditations.

(3) Voir *Apolog.* t. III, art. III, art. Mortification (Vertus chrétiennes).

(4) *Ib.*, t. I, p. 179, t. II, toute la dernière partie.

dits du Catholicisme, *aucun,* chose remarquable, n'a été ébranlé par la science (1).

9° Les lois de la nature ne sont pas l'œuvre d'un législateur, mais l'énoncé des propriétés immanentes de la nature.

—Mais, bon homme, le législateur et les propriétés immanentes, c'est la même chose, pourvu que vous reconnaissiez que ces propriétés immanentes ne sont pas la matière elle-même, ce qui saute aux yeux. Si donc vous croyez aux propriétés immanentes, vous croyez en Dieu.

10° Il n'y a jamais eu de miracle.

— Et moi je vous affirme qu'il y en a eu, qu'il y en a encore ; beaucoup de savants sont actuellement en travail pour les expliquer et ils n'y arrivent guère (2).

11° Les miracles réduisent la science à n'être qu'un fatras inutile, et s'il y en avait, le monde serait livré à un arbitraire désolant.

— C'est comme si vous disiez qu'en remuant les bras et les jambes, vous réduisez la science à un fatras. Le parapluie contre la pluie et le quinquina contre la fièvre font juste l'effet des miracles (3).

12° Qu'est-ce que le ciel ?

— C'est une expression métaphorique dont l'usage est aussi ancien que l'humanité. Jamais l'Eglise n'a rien défini sur la place du ciel. Aller au ciel, c'est entrer dans le bonheur éternel, voilà tout.

13° Si le monde avait été créé par Dieu, il n'aurait pas de défauts.

— Oui, hélas ! il en a : mais ils ont leur utilité. Et comment pratiquerait-on la patience s'il n'y avait pas des gens malhonnêtes, impertinents et bavards ?

(1) Voir *Apolog.*, t. I, Science et Religion, § 3.
(2) Etude sur les miracles : t. II Et. V, p. 751, t. II. — T. III. Surnaturel.
(3) Voir *Apolog.*, t. I. Etude sur l'efficacité de la prière, p. 283.

14° La morale n'est pas innée : preuve, toutes sortes d'aberrations morales parmi les hommes.

— De ce qu'il y a des gens qui ont des idées saugrenues en morale, vous concluez qu'il n'y a pas de morale, voire même qu'il n'y a pas de Dieu. — Et moi, de ce qu'il y a beaucoup de gens qui font des fautes d'orthographe et qui parlent allemand en français, je conclus qu'il n'y a pas de langue française, ni même de France.

15° Les bêtes ont une âme comme nous.

— Oui, je pense que les bêtes ont une âme, mais pas comme la nôtre. Vous voudriez sans doute qu'on établît un paradis pour les bêtes. Mais qu'y faire ? Autant on est porté à croire au paradis des hommes, autant à rire de celui des bêtes.

16° Si Dieu prévoit ce que nous ferons, nous ne sommes plus libres de le faire.

— Rép. En voyant actuellement un homme qui pêche, vous ne l'empêchez pas de pêcher librement ; or Dieu voit actuellement l'avenir comme le passé, parce qu'il n'y a pas de temps pour lui : il prévoit donc qu'un homme péchera, et cela n'empêche pas cet homme de pécher librement.

17° Il n'y a pas de force vitale : les savants n'y croient plus.

— Peut-être bien. Il me semble cependant difficile de croire qu'il n'y a pas quelque chose qui fait végéter les plantes, et qui ne se trouve pas dans les cailloux. Au fond, cela m'est assez égal...

Finissons par une objection de poète qui est moins pédantesque, sans doute, mais pas plus raisonnable que celles de Büchner :

« Un papillon au Japon. — Quand le papillon
« eut assez paradé devant nous, il s'en alla amu-
« ser ailleurs d'autres yeux. Et jamais je n'avais
« aussi bien compris qu'il y a d'innocents petits
« êtres, purement décoratifs, créés pour le seul

« charme de leur coloris ou de leur forme. Mais
« alors, tant qu'à faire, pourquoi ne pas les avoir
« inventés plus jolis encore ? A côté de quelques
« papillons ou scarabées un peu merveilleux,
« pourquoi ces milliers d'autres, ternes et insigni-
« fiants, qui sont là comme des essais bons à dé-
« truire ? Rien n'est déroutant pour l'âme comme
« d'apercevoir, dans les choses de la création, des
« indices de tâtonnements ou d'impuissance ; et
« plus encore d'y surprendre la trace d'une pen-
« sée, d'une ruse, d'un calcul indéniable, mais en
« même temps naïfs, maladroits et à vue courte.
« Ainsi entre mille exemples, les épines à la tige
« de nos roses semblent témoigner que des millé-
« naires peut-être avant la création de l'homme,
« on avait prévu la main humaine, seule capable
« d'être tentée de cueillir. Mais alors, pourquoi
« n'avoir pas prévu aussi le couteau ou les ciseaux
« qui viendraient plus tard déjouer ce puéril
« moyen de défense ? » (P. Loti, *Une escale au
Japon*, 1905.)

Leibnitz avait prétendu que Dieu est obligé de
faire le meilleur monde possible : et les philosophes, chrétiens et déistes, avaient répondu unanimement que le monde étant fini et imparfait ne
peut être sans défaut, que le fini étant toujours
perfectible, le meilleur monde possible est une
pure chimère.

M. Loti enchérit sur Leibnitz. Voilà Dieu requis,
sous peine de tâtonnement et d'impuissance, de
faire toujours les papillons le plus jolis possible,
et de se régler sur le goût de M. Loti qui n'est
satisfait que par un coloris éclatant, qui voudrait
un monde tout composé de rubis et d'émeraudes.
Mais M. Loti est-il assuré que ce goût soit celui de
tous les humains ? La conception d'une évolution
lente et progressive, où chaque espèce, même
celles qui sont ternes et modestes, ont leur per-

fection propre et leur place dans l'ensemble, n'est-elle pas plus sage, plus grandiose, plus digne du Créateur que les caprices enfantins de M. Loti ? Et dans quel conte de fée a-t-il vu que les épines des roses avaient été inventées pour repousser les doigts de ceux qui voudraient les cueillir ? Il y a un mot bien joli que M. Loti eût mieux fait de méditer : « Beaucoup de gens se plaignent que « les roses ont des épines ; moi je remercie Dieu « de ce que certaines épines ont des roses (1). » Mais la paix, la sérénité et le bon sens de nos aïeux ne sont plus de mise. Garo, autrefois, tout en faisant la leçon à Celui que prêchait son curé, n'allait pas jusqu'à le déclarer naïf, maladroit, court de vue et puéril. Garo, hélas ! n'était qu'un personnage imaginaire, dont personne ne prenait au sérieux la rustique suffisance. Tandis que les impertinences saugrenues de M. Loti ne l'ont pas empêché d'entrer à l'Académie.

La foi a fait du chemin depuis La Fontaine. Et le bon sens aussi.

(1) Joubert, *Pensées*.

TABLE DES MATIÈRES

§ 4.

§ 5.

2233-08. — Imp. des Orph.-Appr., F. Blétit, 40, rue La Fontaine,
Paris-Auteuil.

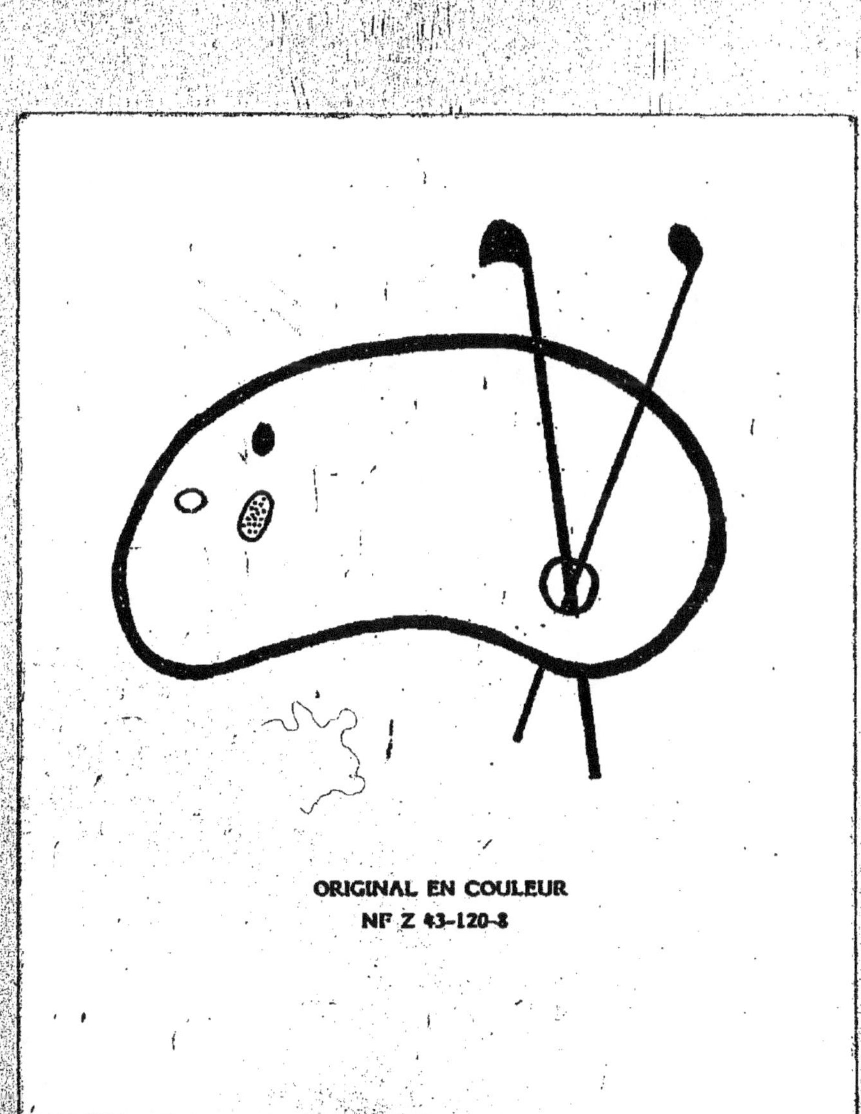

ORIGINAL EN COULEUR
NF Z 43-120-8

www.ingramcontent.com/pod-product-compliance
Lightning Source LLC
Chambersburg PA
CBHW051133050726
47594CB00003B/1076